江 恩 理 论

——金融走势分析

黄栢中　著

地震出版社
Seismological Press

图书在版编目（CIP）数据

江恩理论／黄栢中著.—北京：地震出版社，2021.12

ISBN 978-7-5028-5365-5

Ⅰ.①江… Ⅱ.①黄… Ⅲ.①股票投资—基本知识 Ⅳ.①F830.91

中国版本图书馆 CIP 数据核字（2021）第 211513 号

地震版 XM5039/F（6156）

繁体字原版作者：黄栢中

Copyright○C2012 年 香港经济日报出版社

著作权合同登记 图字：01-2012-5473 号

江恩理论——金融走势分析

黄栢中 著

责任编辑：范静泊

责任校对：凌 樱

出版发行：地震出版社

北京市海淀区民族大学南路 9 号 邮编：100081

发行部：68423031 68467991 传真：68467991

总编办：68462709 68423029

证券图书事业部：68426052

http://seismologicalpress.com

E-mail: zqbj68426052@163.com

经销：全国各地新华书店

印刷：大厂回族自治县德诚印务有限公司

版（印）次：2021 年 12 月第一版 2021 年 12 月第一次印刷

开本：710×1000 1/16

字数：240 千字

印张：17.25

书号：ISBN 978-7-5028-5365-5

定价：58.00 元

代序一

1991 年 2 月，黄栢中的"波浪汇市"专栏开始在《香港经济日报》出现。黄先生对波浪理论的造诣，从字里行间透露的信息，已达一流高手程度。当时银证投资顾问有限公司处于创业阶段，笔者经过多方寻访，终于在 1991 年 10 月成功邀请黄栢中先生(笔名黄浩钧)加盟，担任资料分析员。连同刘绍棠先生及笔者在内，当时全公司职员人数只有 5 人。

1992 年 11 月，公司重组，并改名为"许沂光投资顾问有限公司"。黄先生表现突出，升为研究部主管，在黄先生辛勤工作、大力拓展下，研究部成员已增至 13 人，刚好是一个神奇数字。

1994 年 11 月，黄先生调升资金管理部主管，已将研究部主管职位移交郑志明先生担任。经过多年实战经验，黄先生早将图表分析的十八般武艺练得滚瓜烂熟。现初试牛刀，黄先生将江恩理论的奥秘，辑写成书，奉献给广大投资大众。

江恩理论，是波浪理论以外，另一套完整而且又功效神奇的测市工具。因此黄先生面世的第一本著作，值得向各位大力推荐。喜欢研究图表分析的朋友，万勿错过。

许沂光

许沂光投资(控股)有限公司副主席

代序二

你能否炒卖 286 次，而有 264 次获利，即获利率达 92.3%？相信你不能，但江恩（W.D.Gann）能。

江恩可谓是 20 世纪初最成功的炒家，他于 1902 年 24 岁时开始炒卖，在之后的 53 年炒卖生涯中，在市场共获取 5000 万美元利润。他的研讨讲座每位收费 5000 美元，折合今日约每位 40 万港元。

他能够收这个咋舌费用，当然是与听者认为值得使然。这个值得，明显的是江恩的测市、炒卖法有其独到之效。只可惜江恩十分珍惜其独到之方，未曾（可能是有意）系统地编集成书，而是散落于众多的刊物中，使后学者难窥全豹，使得江恩之学流于奥妙秘谲中。

黄栢中兄向来勤力，笔者每与其见面，均见其手不离技术分析卷。数年前他开始有系统地研究及印证江恩之学，并逐日在《香港经济日报》发表，他亦将江恩"轮中之轮"配合中国二十四节气，以阐释市场周期变化，丰富了江恩之学。更难得的是，黄兄以江恩之说应用于当今之市，理论与实践并重，故难怪黄兄曾为本报备受欢迎的专栏作家之一。

黄兄今将已发表之江恩学说文章，辑录成书，使有兴趣学习江恩理论人士，有个系统架构及有足够的知识、技巧，去应用于投资市场中。

在看本书之时，笔者建议你顺道打开《香港经济日报》刊有股票图表之页，将理论与市场走势印证。

石镜泉

石镜泉
《香港经济日报》副社长兼研究部主管

初版序

江恩理论，近年成为金融走势分析界一个炙手可热的名字，其魅力之处，除了因为江恩投资生涯的传奇性外，他的市场分析方法极为神秘，却又往往可以准确预测市场走势，为技术分析者打开一个全新的领域。

江恩正确指出，一般人以业余的心态从事投资，往往根据一些未经批判的想法，或市场传闻，便将大量金钱投入市场，难免招损失。投资虽然简单得只是一买一卖，但其中所牵涉的，却是极其复杂的市场现象，非下苦功，不能掌握"投资"这门专业的学问。

在投资市场的历程中，江恩理论给予笔者相当大的启发，有如一把金钥匙，打开金融市场迷宫之门，教人豁然通达。本书的出版，希望能为热爱金融走势的投资者，打开致富之门。

本书的写作及编排有几点值得一记：

(1)本书内容尽量忠于江恩的原创性，减少其他分析家对江恩理论的诠释及论述。

(2)本书的编排大量应用图例，帮助读者掌握江恩理论精髓。

(3)笔者尽量利用实际市场走势的例子，以解释江恩理论的应用。其中，笔者经常以美元兑马克的走势为应用的例子，使读者可以从江恩理论的不同角度了解同一个市场，从而建立一个整全的市场分析方法。

本书的出版及发行，要感谢《香港经济日报》同仁的协力安排，特别感谢副社长兼研究部主管石镜泉先生对本书编排的宝贵意见，以及妻李嘉媚代为编成。

此外，蒙"波浪理论大师"许沂光先生及石镜泉先生为本书撰序，笔者更感荣幸。

黄栢中

第七版序

《江恩理论——金融走势分析》自 1995 年第一版面世后，江恩理论在中国香港及大陆受到广泛注意，非笔者始料所及。本书初推出时的构想是希望满足一小批专业投资者在中文技术分析书籍方面的需要，并希望对江恩理论不同的测市方法做一个有系统的整理而已。

事实的发生如金融市场的变化一样往往出人意料，投资大众对于艰深的江恩理论十分神往，除了财经报章及杂志经常应用江恩理论测市外，国内有关江恩理论的书籍、互联网站、网上论坛及留言板林立，反映江恩理论已成为投资市场一种十分普及的工具。前阵子笔者听闻在一些内陆城市，有人印制江恩的"轮中之轮"图表在报摊儿销售，数块钱一张，如同销售地图一样。

江恩理论面世虽然已近百年，但我们得承认，我们对于江恩理论仍然未有透彻的了解，要怪的只怪江恩不将整套理论无条件公开，要后人推敲摸索。不过，在这个过程中，我们无疑亦更了解市场走势的真相，而不同分析家亦发展出不同的分析派别，这亦未尝不是一件好事。

笔者感觉，中国人对江恩理论特别青睐，原因是江恩理论的思维方式十分接近东方，亦与中国传统对于大自然的思想十分融合，笔者希望将来在这方面做更深入的探讨。

在第七版里，笔者对于其中一些观点及论述做了一些修饰，更新了一些图表，并加进了近年不少香港、上海及深圳股票市场走势的例子，希望进一步阐释江恩理论在市场预测方面的应用。

黄栢中

于中国香港·2002 年 8 月 8 日立秋

第九版序

自本书于 1995 年首次出版以来，转眼已度过 10 年这个重要的江恩时间周期，在此谨向读者致以万分谢意。

有鉴于不少读者都对江恩的生平以及原著内容非常有兴趣，在本版中，笔者特别增加第十二章，介绍江恩的生平及著作概要，以满足读者的需要。江恩传奇的一生极为精彩，著作亦十分丰富，希望读者可以从中得到更大的启发。

黄栢中

2006 年 8 月

目　　录

第一章

江 恩——20 世 纪伟大炒家

　　我们拥有一切天文学及数学上的证明，以决定市场的几何角度为什么及如何影响市场的走势。如果你学习时有所进步，而又证明你是值得教导的话，我会给你一个主宰的数字及主宰的字句。

——威廉·江恩

一、金融先知

对于大部分爱好技术分析的投资者来说，江恩理论几乎无人不知，他是 20 世纪初最伟大的市场炒家；其市场分析方法别树一帜，应用天文学、数学及几何学的原理，准确程度往往匪夷所思，因此使得江恩理论蒙上了一层厚厚的面纱。

要掌握江恩理论精华，了解江恩的生平极为重要。

威廉•江恩(William Delbert Gann)生于 1878 年 6 月 6 日的美国得州路芙根市(Lufkin, Texas)，父母是爱尔兰裔移民，在浓厚的基督教循道会背景下长大。江恩是极为虔诚的基督教徒，熟读圣经，他宣称，在圣经之中，发现了市场的循环周期。

投资生涯的开端

江恩的家乡盛产棉花，对于这位棉花大炒家来说，童年的影响不言而喻。他在 1902 年 24 岁第一次入市买卖棉花期货，略尝甜头。自此之后的 53 年，他在市场总共获取 5000 万美元，以当时币值，金额之大，令人咋舌。

江恩于 1906 年雄心壮志地到俄克拉荷马当经纪，既为自己炒卖，亦管理客户户口。在经纪生涯期间，江恩的经历有起有跌。据他经验所得，炒家若未经研究掌握市场知识而入市买卖，九成会以失败告终。

他认为，投资者在市场损手，乃由于买卖情绪所致，希望、贪心及恐惧，是成功的死敌。

知识是市场取胜之道，江恩很早已经察觉自然定律是一切市场波动的基础，他共用去 10 年漫长时间，研究自然定律与投资市场之间的关系。

探究投资市场的奥秘

在这10年之间，江恩进行漫长的求知旅程，足迹遍及英国、埃及以至印度等地。在英国期间，他长时间逗留在大英博物馆内，翻查百多年来投资市场的时间周期。在这段时间，他的注意力集中在古代数学与星象学对投资市场的影响。

江恩其中一个重要的技术分析方法，乃是九九八十一正方形图表，有学者认为，江恩是从埃及的庙宇领悟出来的。

经过神秘而漫长的旅程后，他认为金融市场是根据"波动法则"(Law of Vibration)运行的，这种法则一经掌握，分析者可以预测市场某特定时间的准确价位，匪夷所思。此外，江恩亦认为，每一种股票或期货，都拥有一个独特的"波动率"(Rate of Vibration)主宰该市场价位的起跌。

尽管江恩的分析方法秘而不宣，但大体上是根据以下几方面研究出来的：

(1) 数学(Mathematics)；

(2) 几何学(Geometry)；

(3) 数字学(Numerology)；

(4) 星象学(Astrology)。

在1908年，江恩30岁时移居纽约，成立自己的经纪业务，并开始考验其市场分析理论及买卖技巧。同年8月8日，发展了他最重要的市场走势预测方法，名为"控制时间因素"(Master Time Factor)。经过多次准确预测后，江恩声名大噪。

最为人瞩目的是1909年10月美国《The Tickerand Investment Digest》杂志编辑Richard D•Wyckoff的一次实地访问。这次访问为期1个月，使江恩在市场买卖的能力得到进一步印证。

事实的确认

在杂志人员的监察下，江恩在10月份的25个市场交易日中共进行286次买卖，结果，264次获利，22次损失，获利率竟达

92.3%。江恩所运用的买卖资金，共增长 1000%，令人难以想象。

事实证明江恩是个出色的即市炒家，在上述买卖中，平均每次买卖只相差 20 分钟。在某个交易日中，他进行了 16 次买卖，其中 8 次是当天波动的即市顶或底部。

据江恩一位朋友基利(William Gilley)的忆述：1909 年夏季，江恩预测 9 月份小麦期权将会见 1.20 美元。可是，到 9 月 30 日芝加哥时间 12 时，该期权仍然在 1.08 美元之下徘徊，江恩的预测看似落空。江恩说："如果今日收市时不见 1.20 美元，将表示我整套分析方法都有错误。不管现在造什么价，小麦一定要见 1.20 美元。"结果，在收市前一小时，小麦冲上 1.20 美元，震动整个市场。该合约不偏不倚，整整在 1.20 美元收市。

在江恩的事业高峰期，他共聘用 35 人，为他制作各种分析图表及进行各类市场走势研究，并成立两家走势研究公司，分别为：江恩科学服务公司(W.D.Gann Scientific Service, Inc.)及江恩研究公司(W.D.Gann Research, Inc.)，出版多种投资通讯。在他每年出版的全年走势预测中，他清楚绘制在什么时间见什么价位的预测走势图，准确性甚高。

此外，江恩亦主持走势分析方法讲座，收费惊人。在一个名为"掌握预测方法"的讲座中，向每位参加者收取 2500 美元。而另一个名为"新机械式买卖方法及趋势指标"的讲座，收费更高达 5000 美元。以今日价值，约等于 2.5 万～5 万美元的水平。上述课程，江恩规定不能公开或教授他人，以收秘传之效。

以数学为基础的预测

据江恩的跟随者称，江恩的市场预测准确性高达 85%。江恩不单预测市场，即使美国总统选举，大战结束的时间，他都可以根据数字及英文字母的排列配合周期进行预测。江恩宣称，他所有的预测是建基于数学之上的，只要给他足够的资料，他便可以根据代数及几何配合周期理论，预测将会发生的事情。他认为，一切事情本质若没有改变的话，一切都是基于数学的原理。

江恩在介绍其市场分析理论时指出：

"圆形的 360°，与 9 个位的数字，是所有数学的根源。在一个圆形里面，可设置一个四方形及三角形，但在其内，又可设置四方形及圆形，而在其外，亦一样可以设置一个四方形及圆形，上述证明了市场运行的四个面向。"

上面的论述艰深难明，但可用江恩的其他论述加以解释，他指出："所有的市场顶部及底部都与市场其他的顶部及底部存在一个数学上的关系。市场上没有一个次要的顶部或底部，不能应用角度线及阻力位加以解释，分析者可留意市场在这些水平上的每日走势及成交量变化。"

换言之，江恩认为，只要给予他市场从前的市场顶部或底部的时间及价位，他便可以应用上面三角几何的各种关系，以预测市场未来的走势。

至于为什么这套方法会有效，江恩指出："我们拥有一切天文学及数学上的证明，以决定市场的几何角度为什么及如何影响市场的走势。如果你学习时有所进步，而又证明你是值得教导的话，我会给你一个主宰的数字(Master Number)及主宰的字句(Master Word)。"

二、辉煌战绩

大投机家江恩生活于 20 世纪初，他经历过第一次世界大战、1929 年美国股市大崩溃、20 世纪 30 年代大萧条，以至第二次世界大战。在这个动荡的年代从事投机事业，既充满危机，亦是充满牟取暴利的机会。

江恩自 20 世纪 20 年代，每年都出版一份股市预测报告，在一年之前预测来年股市的走势。这种预测与现时一些经纪行或财经报章杂志的分析类似，无甚稀奇。所不同之处，乃是江恩的预测极为细致，包括预测全年市场在什么时间见顶见底。换言之，江恩的全年预测是为读者提供一份股市的未来走势图，有明确的时间"坐标"以供识认。

别树一帜的分析法

江恩的预测，不单预示市场的波动情况，实际上亦预测社会上的重大变化以及投资者的买卖情绪。此外，他亦提供全年将有大幅波动市势的日子。上述的预测在今天来说可谓神乎其神，即使撇开准确性不谈，江恩的整套预测方法已完全脱离了我们今日所广泛应用的技术分析方法，别树一帜。但令人赞叹的是，江恩的 1929 年股市预测，无论在时间及价位幅度上，都准确预测到美国史上最大的一次股灾。

在 1928 年 11 月 23 日，江恩发表了一份美国股市预测报告，预测 1929 年美国道琼斯工业平均指数的走势(图 1-1)。

江恩在该报告中开宗明义地指出，1929 年将会到达大牛市终结的循环。由于这一次牛市由 1921 年开始，是美国历史上最长的一次升市，股票价格升至不正常的水平。因此，当跌市来临，1929 年将会是一次极为剧烈的暴跌。事实证明，他的预测完全正确，1929 年 9 月道指高见 386.10 点后大幅下跌 3 年，于 1932 年 7 月最低见 40.56，比高峰下跌 89.5%。

美国股市由 1921 年的 60 多点开始攀升，经过长达 8 年的牛市，到达 1929 年 9 月的高峰 386.10 点。之后美国熊市出现，最低下跌至 1932 年 7 月，低见 40.56，跌去市值 89.5%，令美国进入大萧条之中

图 1-1　美国道琼斯工业平均指数月线图

江恩非事后孔明

他的股市理论是：历史上，股市是预先反映经济繁荣的，因此，股票价格经常上升至抛离现实。

换言之，当股价开始下跌时，第一个跌潮只不过是调整至股价的合理水平而已。当商业情况转趋低沉，公司盈利开始滑落时，股价便会继续下跌，并预先反映未来商业上不利的境况。

该报告列出美国股市暴跌，以致经济萧条的八大原因：

(1) 经济繁荣——经济有如钟摆一样，当市场繁荣到极点，无以为继，经济便会进入收缩期。

(2) 通货膨胀——美国通胀上升，银行信贷大幅飙升，交易所成交量大增，一旦购买力减弱，股价便下跌，银行的借贷亦会收缩，此将加剧股市的抛售。

(3) 购买力不济——由于通胀，市民已逐步丧失购买力，对公司的信贷及销售都有不良的影响。

(4) 农业失收——由于农业到达失收的循环，农民购买力将大幅下跌，不利股价。

(5) 繁荣情意结——股市上升时，股民一般被繁荣的心理所推动，但却忽视了多个行业所出现的问题。

(6) 公众信心——当股市上升时，所有人都会相信股市毫无隐忧，但当股民资金耗尽，股市出现下滑时，投资者便会失却信心，争相抛售，继而互相践踏。

(7) 战争——历史证明，一个国家享受长期的繁荣后，通常是战争将之推向萧条。贪心与嫉妒是战争诱因。

(8) 外国竞争——德国及其他国家正加强国际贸易，争夺市场，将对美国经济不利。

江恩所预见的，是农业失收、战争的来临以及公众投资情绪的转变，这些都写在发生之前，而非事后孔明的解释。

他明确指出，在 1929 年，美国道琼斯工业平均指数的高低位幅度不会少于 50 点，而最大可达 90～100 点(图 1-2)。他预期股市有35%的波幅，是极为大胆的预测。结果，1929年道指由386.10点暴跌至195点，跌幅191.10点，下跌50%，比江恩预测的还要厉害。

江恩的1929年美国股市预测甚为细致，极具启发性，以下择要其中测市部分：

进入1929年，市场弥漫一片繁荣的景象，市场气氛甚为向好。不过，国家前景会受到战争的阴影所笼罩，威胁可能来自墨西哥或日本。

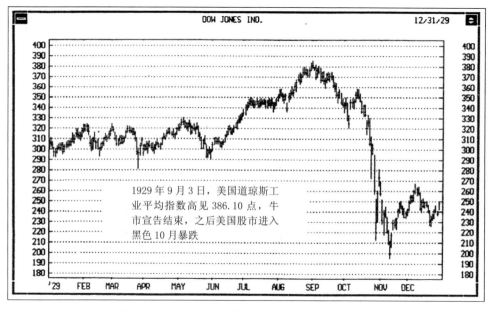

图1-2　1929年美国道琼斯工业平均指数日线图

天气方面，暴风将于春季初段吹袭美国南部及西南部，而火灾将造成灾害。3月份美国总统胡佛(Hoover)将通过帮助农民的法例，此举将造成商品价格及农业股的飙升。股市经过2月、3月的下跌后，牛市由春季开始展开。

江恩全年的周期预测

对于1929年4～6月，江恩的预测认为春季的天气将不利农作物，而暴风、豪雨及海浪将侵袭墨西哥湾。在这段时间，商品期货价格上升，经济欣欣向荣。金融市场上，原油、黄铜、橡胶、蔗糖及飞机股皆出现投机性的飙升，交投活跃。

江恩估计，4 月份政府将通过法例，令股价大幅下跌，而利率将会颇高，但 4 月中之后，股价将会回升。

进入 5 月份股市转趋壮旺，经济消息利好，大型公司合并及交易将会出现，投资群众在极为看好的心理下蜂拥入市。

到了 6 月份，股价将出现大幅调整，市场传出战争的谣言，世界多国出现示威浪潮，农作物失收。在美国南部及墨西哥将出现地震及风暴，对市场引发大幅波动。

由于 6 月份有一个重要时间周期到达，市场将出现重要逆转。

进入 7 月份，另一升浪将会出现，不少股票见全年高点。飞机、电力、化工股均破纪录地上升。一个重要的时间周期到达，将引致长期的熊市出现。到了 8 月份，最后一批股份将会上升见顶，先是化工股、钢铁及原油股，然后会是蔗糖及橡胶的股份。最后，不利消息涌现，一个长期的牛市会突然终结。

9 月份，全年最严重的剧跌出现。"黑色星期五"将会来临、股票暴跌，这段时间，投资者应卖空股票，并以"金字塔"式加码卖空，以获取利润。

10 月份，美国与法国之间的债务危机开始浮现，国际上出现新的贸易协议，对美国商业不利，引发危机，公司盈利亦将减少。此外，美国银行收紧信贷，推高利率，严重打击股市。不过，化学、电力及飞机股仍然会出现反弹。

11 月份，原油、化学及橡胶股出现最后升浪才见顶回落。加州或墨西哥很可能出现地震，对股市及商业均为不利。

12 月份，美国政治争议频繁，商业不景，投机热潮转移至商品期货。美国对外生意有所增长，但亦会遇到其他国家的竞争。

除了对于每月的市况预测外，江恩事实上亦提供了十分细微、甚至每月之中升跌时间的预测，虽然未至完全准确，但他所提出的日期，往往是市场在该段时间的市势转折点。就其趋势而言，江恩对于 1929 年的预测是完全正确的。图 1-3 是江恩在其 1929 年《预测通讯》上所预测的美股走势与实际市况的比较。由图可见，江恩无论在市势方向，以至波动幅度上，都有细致而准确的预测。

笔者亦根据江恩对于 1929 年美股每季的市场高低点日期的预测，制作在实际走势图上，以供读者比较。箭头向上的是江恩预测的股市短期底部时间，箭头向下的是江恩预测的股市短期顶部时间。图表上的柱线图则为实际市况(见图 1-3 至图 1-7)。

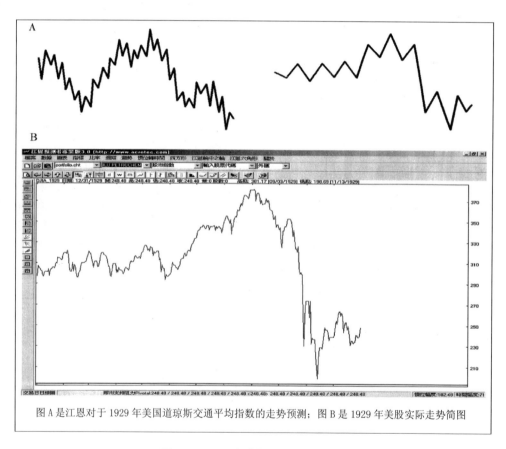

图 A 是江恩对于 1929 年美国道琼斯交通平均指数的走势预测；图 B 是 1929 年美股实际走势简图

图 1-3　1929 年美股预测及实际走势图

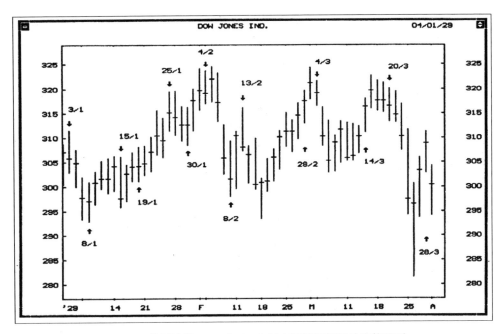

图 1-4　美国道指 1929 年 1~3 月走势图与江恩的市势预测

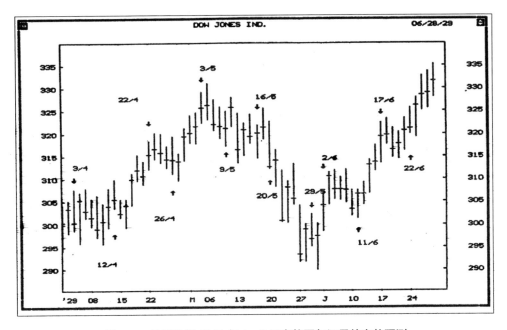

图 1-5　美国道指 1929 年 4~6 月走势图与江恩的市势预测

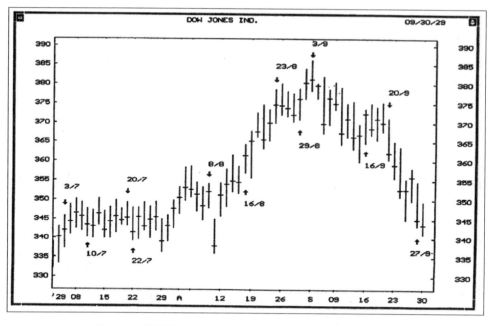

图 1-6　美国道指 1929 年 7～9 月走势图与江恩的市势预测

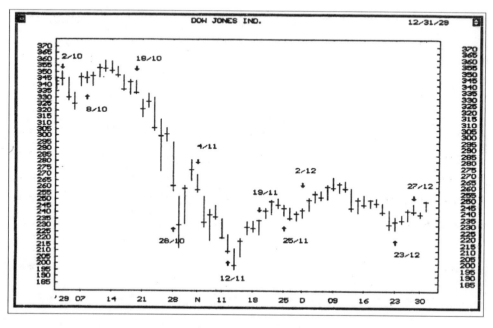

图 1-7　美国道指 1929 年 10～12 月走势图与江恩的市势预测

虽然江恩的预测并非十全十美，但精妙之处在于他在一年之前已为其后的市况做一细致的预测，无论如何，江恩的预测方法已经为技术分析打开了一个崭新的领域，令人异常神往。

三、江恩著作一览

江恩生于 1878 年 6 月 6 日，卒于 1955 年 6 月 14 日，享年 77 岁。江恩平生著作繁多，计有：

(1) 《股价数据中的真理》(The Truth of the Stock Tape)；

(2) 《华尔街股票精选方法》(Wall Street Stock Selector)；

(3) 《股票趋势测市法》(Stock Trend Detector)；

(4) 《在华尔街 45 年来》(45 Years in Wall Street)；

(5) 《美国面对现实——1950 年展望》(Face Facts America Looking Ahead to 1950)；

(6) 《如何在期货市场中获利》(How to Make Profits Trading in Commodities)；

(7) 《如何利用认购及卖空期权获利》(How to Make Profits Trading in Putsand Calls)；

(8) 《空间通道》(Tunnel Thru, the Air)；

(9) 《神奇的字句》(The Magic Word)；

(10) 《江恩股票市场课程》(W. D. Gann Stock Market Course)；

(11) 《江恩期货市场课程》(W. D. Gann Commodity Market Course)。

上述著作中，大部分是有关市场买卖及技术分析的理论，但第八本著作《空间通道》则为一本爱情小说，江恩在序言中宣称，这是一本充满隐喻的小说，只要阅读至第三次，便可发现内中蕴含的重要市场真理。

此外，第九本著作《神奇的字句》，与市场无关，是一本宣扬基督教道理的著作，亦是江恩最后一本著作，内中充满艰深的哲理。

四、不同人士对江恩理论的看法

对于江恩这位传奇人物，不少读者对于他的生平十分感兴趣。以下笔者尝试补充一下笔者手上所得的资料。

数十年来市场人士褒贬不一，有人认为江恩已把市场预测的秘密，带进了坟墓里。但亦有不少人对于江恩是否真的成功战胜市场存在质疑，认为他只是一个懂得宣传的投资通讯作家而已。否则，他应该已经与美国大亨 JP. 摩根，洛克菲勒等齐名了。其中，一项质疑来自江恩儿子约翰的回忆，他表示江恩去世后，只留下一间简朴的平房，并没有为他的家人留下太多的财产。

亦有一说指江恩是美国神秘组织共济会高级成员，他的一些学说理论存在秘术味道，已超出金融市场以事实为基础的理性分析领域，容易令人走火入魔。据说在江恩的晚年，他迷信金融星相学等玄学，最终失去大部分的财富。

是耶非耶？相信真正的事实已无从稽考。然而，笔者相信，江恩早期著作所述的追随趋势及风险管理的原理，始终是最王道的，至于其他玄学或星象理论，还是不要浪费时间，以免混乱整套交易系统，甚至可能步江恩晚年的后尘。

第二章

波动法则

伟大的波动法则的基础是相同的事物产生相同的事物，相同的原因产生相同的后果。经过长期的研究，我发现波动法则助我准确地预测股票及期货特定的时间中的特定价位。

——威廉·江恩

一、波动法则的论述

在江恩的众多著作之中，最引人入胜者并不是有关投资买卖的书籍，而是一本名为《空间通道》(Tunnel Thru, the Air)的著作。这本著作的副标题为"从 1940 年回顾"，著作日期却为 1927 年。顾名思义，作者的企图乃是预测未来 20 年将会发生的事。

不过，这本书并不以讨论理论或叙事的方式写成，而是以一本小说的笔调写成，语意极为隐晦。在该书的序言中，江恩表明，读者若看一次，会得到一个爱情故事，若再看一次，读者会开始知道个中道理，到第三次看的时候，读者便可以掌握未来。

启发中预测未来

掌握未来当然没有那么容易。不过，我们却可以从这位伟大炒家的思路上得到一些启发。江恩相信，历史会重复发生。若要知道及预测未来，你只需要回到历史上研究，并掌握到一个正确的起点。

江恩开宗明义地指出，他对市场的所有预测，乃是根据循环理论(Cycle Theory)及数学序列(Mathematical Sequences)而做出的。在计算时，正如天文学家一样，是根据几何及数学而做出市场预测的。

江恩的哲学认为，宇宙间一切皆以圆形运行，无论是抽象的、实质的、思想性的、物理上的以及灵性上的，无一例外。人类每一个思想，都会斗转重现。

他对市场的预测计算，是首先回到历史之上，找出所处的周期，然后根据从前的市场波动，以预测将来的市场走势。这个市场走势分析方法可谓别开生面，分析者完全不用了解当前市场走势，而只要根据上一个市场循环的市况去重现未来。

江恩认为，宇宙间的"波动法则"(Law of Vibration)是支配着市场循环的法则。

关键在于如何知道目前所处的是什么周期呢？

江恩在这方面却相当隐晦，他指出，只要你掌握到市场循环的成因，则你便可以根据成因而预测其效果。在预测市场循环周期重现时，最重要的是掌握到一个正确的开始，有正确的开始便有正确的结束。

那么，市场循环的成因究竟是什么？

循环周期为关键

可惜，江恩却卖了一个关子，使这个答案永远成谜。他说："这不是我的目的去解释循环的成因，目前公众仍未有足够准备去接受它，即使我解释了，公众仍不会明白或相信它。"

虽然如此，江恩在《空间通道》(Tunnel Thru, the Air) 一书中，亦曾简单披露了他分析市场的方法。在该书的第七章"未来周期"里面，他指出："我计算股市及期货市场时，我会研究市场的历史，找出市场周期之所在，然后根据过往市场的波动，预测未来市场走势的轨迹。"

如何找出市场的循环周期，是江恩测市方法的秘密。不过，他亦留下一点儿蛛丝马迹，以供有心人推敲。

江恩指出："伟大的波动法则的基础是相同的事物产生相同的事物，相同的原因产生相同的后果。"

换言之，江恩寻找市场循环周期的方法，乃是应用"波动法则"。

正如 1909 年美国《The Ticker and Investment Digest》杂志对江恩的一次访问之中，江恩指出："经过长期的研究，我发现波动法则助我准确地预测股票及期货特定的时间中的特定价位。"

什么是"波动的法则"，江恩并没有正面解释，他表示："现在不可能解释波动法则如何应用在市场之中，但一般人可以知道，波动法则乃是无线电报、无线电话的基本原理，没有这个法则，上述发明无可能出现。"

波动法则占江恩理论的中心地位，可想而知。

波动率决定市场走势

江恩市场理论的奥秘，在于他认为股票或其他在市场买卖的商品，正如物质的电子、原子或微粒一样，有其独特的波动率(Rate of Vibration)，这个波动率决定市场的波动及趋势。分析者只要掌握个别股票或期货的正确波动率，便可以决定该市场在什么水平会出现强大的支持及阻力。

此外，在整个市场之中，亦存在着一个根据波动规则而运行的推动力量，这个推动力量决定市场价位的起跌以及成交量的升降。个别股票与股票市场推动力量之间，存在着和谐及非和谐的关系，从而决定股价在大市中的升跌状态。

江恩宣称："利用我的方法，我能够决定每种股票的波动率。此外，将某些时间因素一并考虑，在大部分情况下，我能够指出，在什么情况下，股票有什么表现。"

这个波动的法则，不单可应用在长期的市场循环周期之中，即使每天甚至每小时的走势，亦会发生效力。正如物理科学的定理，一个推动的力量(Impulse)，最后将分解为周期性及规律性的运动。

然而，我们究竟应该如何去决定一个市场的波动法则，并决定每一种市场买卖的股票、期货，甚至外汇汇价的波动率呢？

江恩理论的波动法则极为神秘，不同分析家对此均有不同的理解及诠释。

波动率与和谐关系

在解释"波动法则"时，江恩有两个重要的词语不容忽视，包括：

(1) 波动率(Rate of Vibration)——一般的理解，波动率意指每一段时间运行多少个周期(Cycle)，亦即我们现代所指的"频率"(Frequency)。

(2) 和谐关系(Harmonic Relationship)——由于频率(Frequency)经常应用在音响的领域上，与此相关的和谐关系应该是指"共鸣"或"共振"的意思。

这个意义是，假若目前存在着两组波动的频率，当短频率与长频率出现倍数的关系时，所出现的状态便是"共鸣"或"共振"，其音响效果将甚为显著。

相反，该两种频率出现 180° 的错配关系 (180 Degree out-of-Phase) 时，两种频率的效果便会显著降低。

若我们将上面的概念应用在市场的走势分析，我们可以假定：

(1) 每一种市场买卖的产品，无论是股票、期货或货币，皆有一种内在的周期性，买卖的规律是按该周期的频率运行。

(2) 市场亦受外来的因素影响，这种外来因素亦产生市场的循环 (频率)，若与股票或商品本身的循环发生倍数关系，市场将出现剧变。

在江恩的理论范畴里面，经济因素都只是市场循环的结果，而非市场的成因。据江恩的方法及思路，最有可能的解释是：

(1) 市场的唯一外来因素乃是从大自然循环及地球季节变化的时间循环而。

(2) 市场的波动率或内在周期性因素则来自市场时间及价位的倍数关系。

当市场的内在波动频率与外来市场推动力量的频率产生倍数关系时，市场便会出现"共鸣"关系，令市场产生巨大的作用。

相反，当市场本身的频率与大自然的频率错配时，市场发生作用的机会将会大减。

二、波动法则的原理

江恩的"波动法则"在概念上十分隐晦难明，不同分析家有不同的理解，其中音乐家兼炒家 Petter Amundsen 曾发表一篇文章，从乐理角度去解开"波动法则"之谜。

他认为，江恩理论与乐理正好一脉相承，两者皆以"波动的法则"为根基。

大家可先了解一下音符的结构。音阶的基本结构由 7 个音符组成，现表列如下：

音乐名称	音符	代号	频率	音乐名称	音符	代号	频率
Do	C	1	523	So	G	5	784
Re	D	2	587	La	A	6	788
Mi	E	3	659	Ti	B	7	988
Fa	F	4	698				

上述 7 个音阶中，频率上存在着甚为完整的比率关系：

(1)D 约是 C 的 118 倍；　(5)A 是 C 的 123 倍；

(2)E 约是 C 的 114 倍；　(6)B 是 C 的 178 倍；

(3)F 是 C 的 113 倍；　　(7)高八度的 C 则为 C 的 2 倍。

(4)G 是 C 的 112 倍；

上面音阶中，发生共鸣的乃是 C 与 G 及高八度 C，亦即 50%及 1 倍水平。换言之，音阶是以 12，13，14 及 18 的形式产生共鸣。顺理成章，频率的 1 倍、2 倍、3 倍、4 倍、8 倍亦会产生共鸣。上述比率及倍数，正是江恩所指的"波动的法则"，一般称为江恩的分割比率。

探究江恩的波动法则

根据江恩的"波动法则"，每一种市场交易的商品、期货、股票，甚至货币，皆有其本身波动的频率，这个频率会不断地在市场产生作用。

究竟每种市场商品的独特波动频率如何决定呢？不同的分析家有不同的理解，不过，笔者认为分析者可以从市场本身每个波动的规律去决定，理由是：市场的作用是由于市场的频率所引发，因此，若几个市场的波动中，抽取其共同之处，市场的波动频率便不难推敲得到。

以美元兑马克的走势为例：

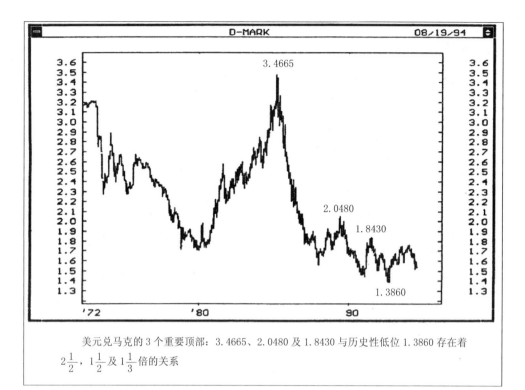

美元兑马克的3个重要顶部：3.4665、2.0480及1.8430与历史性低位1.3860存在着 $2\frac{1}{2}$，$1\frac{1}{2}$ 及 $1\frac{1}{3}$ 倍的关系

图2-1　美元兑马克月线图

（1）美元兑马克的历史性低位为1992年9月2日的1.3860马克，而1.3860的 $2\frac{1}{2}$ 倍为3.4650，与1985年2月26日美元兑马克的重要高位3.4665只相差15点。

（2）美元兑马克的历史性低位1.3860的 $1\frac{1}{2}$ 倍为2.079，与1989年6月15日的美元高位2.0480相差310点。

（3）由历史性低位1.3860起计的 $1\frac{1}{3}$ 倍为1.8475，与1991年7月5日的高位1.8430只相差45点。

上面3个比率，皆为江恩所指出的市场重要比率，美元兑马克在1992年9月2日见底回升，乃是由于市场波动频率在1.3860汇聚而产生"和谐"（Harmonic）关系所致（图2-1）。

若以恒生指数看，该指数在 2000 年的高点在 3 月 28 日的 18397.57，之后，恒指跌至 2000 年 5 月 26 日低位 13596.63，后者是前者的 74%，与 75%非常接近。其后，恒指反弹后再跌，低至 8894.36，该低位是 2000 年高位的 48.3%，与 50%亦十分接近(图 2-2)。

图 2-2　恒生指数日线图

三、市场比率与倍数分析

其实江恩的波动法则可以化为数学的方式表达，万物繁衍的方式乃是以

1，2，4，8，16，32，64，128…

的方式发展，究其增长公式，是以 2 的几何级数增长：

2^0，2^1，2^2，2^3，2^4，2^5…

2 的几何级数

市场开始运行后，是根据时间及价位两度空间运行，当升市出现调整时，价位可分成升跌两段，而时间亦可分成两段，产生 4 种关系，市场再上下波动一次便出现 8 种关系。

不过，从另一个角度去看，若以比率去衡量市场的活动的关系，分析便截然不同。

一个上升的趋势中，当市场出现调整时，市场便出现两个比率的关系，前者是价位回吐比率，后者是时间回吐的比率。

当市场调整后再恢复上升，市场便总共出现 4 个比率，价位方面是出现价位回吐比率及增长比率，而时间方面亦出现回吐比率及增长比率。以图(图 2-3)显示，所出现的关系是：

(1) EF 与 FG 的价位关系；

(2) EF 与 GH 的价位关系；

(3) EF 与 FG 的时间关系；

(4) EF 与 GH 的时间关系。

不过，从另一个角度去看，在三段浪之中，包括有形及无形的市势幅度，总共应有 8 种比率关系，其中 4 种为价位比率，4 种为时间比率：

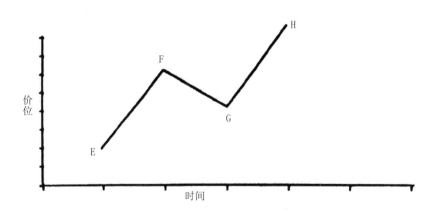

图 2-3 波段之间的关系

(1) EF 及 FG 的价位比率关系；

(2) EF 及 GH 的价位比率关系；

(3) EF 及 FH 的价位比率关系；

(4) EG 及 GH 的价位比率关系；

(5) EF 及 FG 的时间比率关系；

(6) EF 及 GH 的时间比率关系；

(7) EF 及 FH 的时间比率关系；

(8) EG 及 GH 的时间比率关系。

据笔者的经验，在价位比率方面，上面(1)及(2)最为重要。但在时间比率方面，上面(7)及(8)则最为重要。

从上面的分析，市场的波动法则是：

2：回吐及增长；

4：4 种有形比率关系；

8：8 种有形及无形的比率关系。

2、4 及 8 乃是大自然增长的倍数，与中国《周易理论》"太极生两仪，两仪生四象，四象生八卦"相同。若将上面的倍数应用在市场走势分析之上，我们要特别留意价位幅度增长 2 倍、4 倍及 8 倍时，市场所出现的自然阻力。时间比率方面亦一样，当一个主要趋势完成后，其时间幅度的 2 倍、4 倍及 8 倍市场都会出现重要的转折点。

换言之，时间周期扩展的模式是：2、4 及 8，而价位周期扩展的模式亦为 2、4 及 8。

8 的神奇规律

波浪理论认为升市有 5 个浪，跌市有 3 个浪，合共有 8 个浪，亦即是说，一个市场的周期以 8 为一个循环。这亦与"周易"互相辉映。

江恩理论认为一个升市出现回吐时，最重要的支持为 50%回吐水平，其次便是 25%及 75%，再其次便是 $\frac{1}{8}$、$\frac{3}{8}$，$\frac{5}{8}$ 及 $\frac{7}{8}$。换言之，江恩的比率分析是以 8 为基础的。

综合而言，8 的分数及 8 的倍数，便可以组成一个分析的架构，从而分析市场的支持及阻力的水平。

此外，当时间及价位的单位都运行至 8 的倍数时，市场的价位及时间循环便可能到达转折点。

四、波动法则与比率的应用

在市场走势分析中，我们经常发觉市场的发展倍数亦是根据
2、4 及 8 的倍数运行的。在价位方面，当市势幅度增长 2 倍、4 倍
及 8 倍时，市场便经常会出现自然阻力。在时间方面，当一个市场
趋势运行完毕后，其时间幅度的 2 倍、4 倍及 8 倍，亦将为该市势
的时间阻力。

美元兑马克由 1992 年 9 月 2 日的 1.3860 上升至 11 月 23 日的
高点 1.6160 马克，时间幅度是 58 个交易日(图 2-4)。

由 1.3860 起计，2 倍的时间幅度为 116 个交易日，亦即 1993
年 2 月 15 日，是一个市场短线转折点。

由 1.3860 起计，4 倍的时间幅度为 1993 年 7 月 27 日，3 个交
易日之后，市场到达 8 月 2 日高峰 1.7485 马克，之后转势回落。

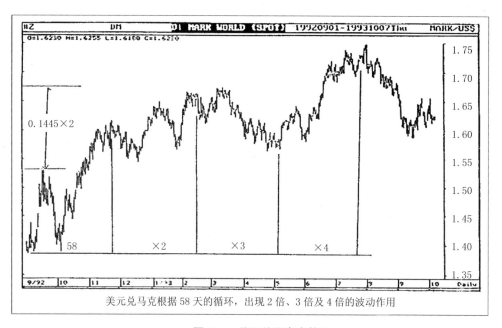

美元兑马克根据 58 天的循环，出现 2 倍、3 倍及 4 倍的波动作用

图 2-4　美元兑马克走势图

价位方面，美元兑马克由 1992 年 9 月 2 日 1.3860 上升至 9 月 17 日的 1.5305，上升 1445 点。由 1.3860 起计，1445 点的 2 倍为 2890 点，亦即 1.6750 马克的水平。美元兑马克于 1993 年 3 月 11 日高见 1.6735，到达 2 倍的自然阻力后大幅滑落，于 4 月 27 日低见 1.5640 马克，跌幅达 1095 点。

归纳而言，江恩的"波动法则"将上述比率及倍数大量应用在市场时间与价位的分析之上。对于市场价位的分析而言，有以下三点应用：

(1) 由市场的重要低位开始，计算该水平的 $\frac{1}{2}$ 倍、$\frac{1}{3}$ 倍、$\frac{1}{4}$ 倍及 $\frac{1}{8}$ 倍的增长水平，以及 2 倍、3 倍、4 倍及 8 倍的水平，上述水平将成为市场的重要支持及阻力位。一般而言，市场在低位水平，走势大致受制于 $\frac{1}{8}$ 的阻力，走势较为反复，但在高水平时，市况将遇较少阻力，走势亦更明快(图 2-5)。

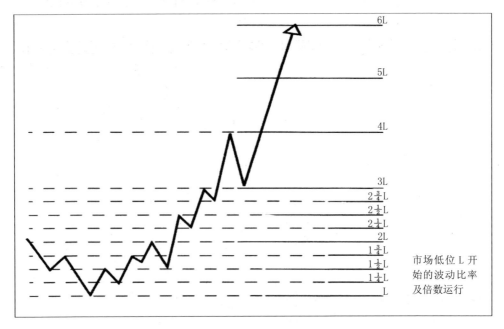

图 2-5　市场低位开始的波动比率图

以美元兑日元的走势为例(图 2-6)，美元于 1999 年 11 月 26 日低见 101.24 日元，并在 2001 年 4 月 2 日高见 126.80 日元，与 101.24 的 $1\frac{1}{4}$ 目标，126.55 日元仅差 25 点。美元兑日元在 2002 年的高点在 1 月 31 日的 135.15，与 1999 年低位 101.24 的 $1\frac{1}{3}$ 目标 134.95 日元只相差 20 点。

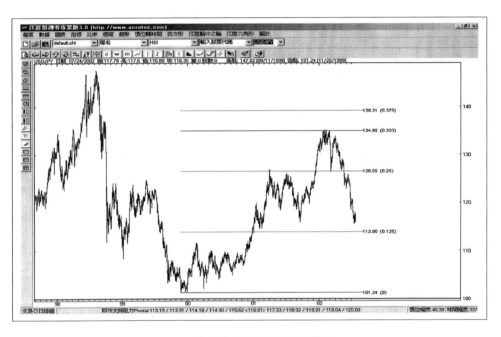

图 2-6　美元兑日元日线图

(2) 市场的重要高点计算该水平的 $\frac{1}{2}$ 倍、$\frac{1}{3}$ 倍、$\frac{1}{4}$ 倍及 $\frac{1}{8}$ 倍水平，作为市场调整的重要支持。此外，若市场上创新高，则该高点的 $\frac{1}{8}$ 的倍数、$\frac{1}{4}$ 的倍数、$\frac{1}{3}$ 的倍数、$\frac{1}{2}$ 的倍数将成为市场的重要支持及阻力(图 2-7)。

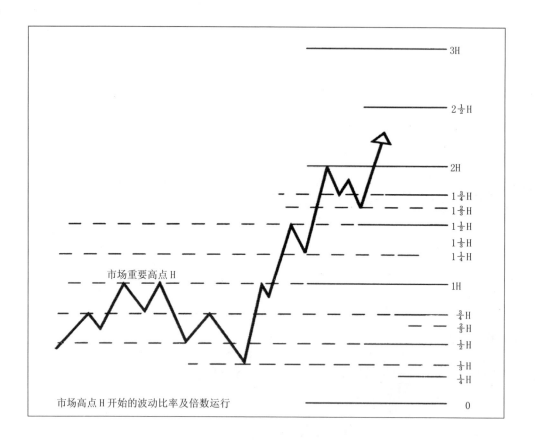

图 2-7　市场高点开始的波动比率图

以上海证券综合指数为例，该指数于 1997 年 5 月 13 日高见 1501.25，形成全年高点。该高点的 $1\frac{1}{2}$ 的倍数是 2251.88 点，与 2001 年 6 月 14 日全年高点 2245.44 仅相差 6.44 点而已(图 2-8)。

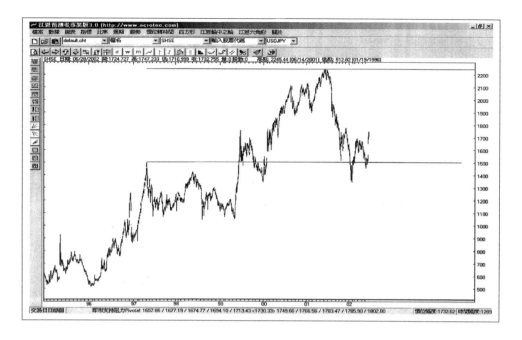

图 2-8 上海证券综合指数日线图

(3) 以市场的重要低点至高点的幅度，分割为 2 份及 3 份，这些水平亦为市场的重要支持及阻力位。此外，该幅度之外的 18 及 13 的倍数，亦为市场的重要支撑及阻力位(图 2-9)。

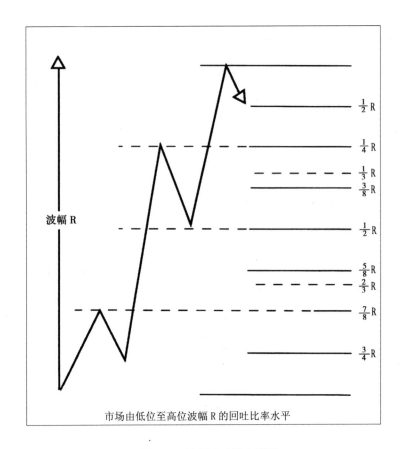

市场由低位至高位波幅 R 的回吐比率水平

图 2-9　波幅回吐的支撑图

再以上海证券综合指数为例，该指数于 1994 年 7 月 29 日低见 325.92 点，之后在短短 10 个多月时间上升至 1994 年 9 月 13 日的 1052.25 点，升幅 726.33。若由高点 1052.25 起计，升幅 726.33 的 $1\frac{2}{3}$ 倍的幅度目标在 2262.32，与 2001 年 6 月 14 日高点 2245.44 只相差 16.88 点（图 2-10）。

要留意，1994 年的第一个升浪亦即 1994～2001 年整个升浪的 38 倍，这个 3 与 5 的分界线成为 1997 年、1998 年及 1999 年的市况主要支撑。

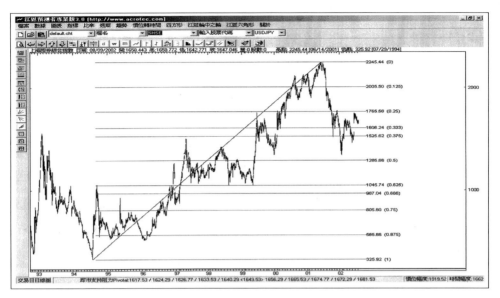

图 2-10 上海证券综合指数日线图

对于市场时间循环分析而言，波动法则有以下应用：

（1）一个圆形的 360°，可看为市场时间周期的单位，并可按 $\frac{1}{2}$、$\frac{1}{3}$、$\frac{1}{4}$ 及 $\frac{1}{8}$ 的比率，分割为 180、120、90、45，包括月份、星期、日期的周期单位。

（2）将市场的重要低点、重要高点以及市场的波动幅度化为时间单位，计算其 $\frac{1}{8}$、$\frac{1}{4}$、$\frac{1}{3}$、$\frac{1}{2}$ 的时间幅度；此外，亦以 1 倍、2 倍、3 倍、4 倍及 8 倍的时间幅度计算市场周期的转折点(图 2-11)。

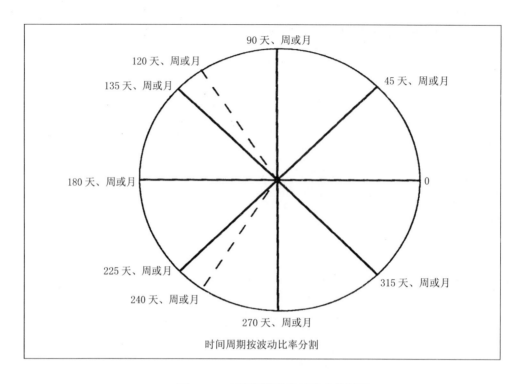

时间周期按波动比率分割

图 2-11　时间周期的波动比率分割图

第三章

江恩周期理论

　　时间是决定市场走势的最重要因素，经过详细研究大市及个别股票的过往纪录，你将可以给自己证明，历史确实重复发生；而了解过往，你将可以预测将来。

——威廉·江恩

一、江恩周期理论要预测什么

江恩声称他的市场预测方法是根据周期理论而发展出来的，但在了解其方法之前，更基本的问题是：他要预测的是什么？

现时一般市场循环理论家所希望解决的问题是：如何知道市场见底及见顶。在方法学上，你问怎样的问题便得到怎样的答案。江恩周期理论与其他市场循环理论的不同之处，是在于江恩为自己订下的"问题范畴"，较其他循环理论家的范畴要辽阔得多。

江恩周期理论要解决的问题不单是如何知道市场见顶见底，他要问的是：

(1) 市场会在什么时候见顶见底？

(2) 市场在未来某个时间的价位会是什么？

(3) 市场在未来某个时间的走势形态会是怎样？

对于一般技术分析者而言，上述问题是做梦也未曾问过，亦未想象过可以问上述问题的。

江恩理论成功的地方，不单是能够提出以上的问题，更为重要的是，江恩也为上述问题找到了答案！

江恩的理论告诉我们：

(1) 市场见顶见底是根据周期的规律而引发出来的。

(2) 市场的价位，是根据周期的规律而重现的。

(3) 市场走势的形态，亦根据一定的时间周期而重复出现。

二、如何厘定周期循环

虽然江恩对于市场循环的成因秘而不宣，但他亦透露了一些市场的重要循环，以飨读者。

"轮中之轮"（Wheel Within a Wheel）是江恩从圣经中发现的

重要循环理论。江恩指出，根据自然的法则，循环有大有小，有长期，有中期，亦有短期。因此，循环中又有循环，互相重叠。

江恩的循环论

江恩进一步解释，量度时间的基础是基于地球的自转。因此，最细的一个循环，应为 4 分钟的循环。4 分钟循环具有特殊意义，是因为地球自转一周为 360°，而地球运行 1° 则为 4 分钟。

另一个较为重要的循环是 24 小时循环，亦即地球自转一次的时间。更大的循环为 1 年，是地球围绕太阳运行 1 周的时间。

长期的循环，江恩指出的是 100 年、1000 年以及 5000 年的周期。因此，若要清楚知道世事及重要的转变，分析者必须回到最少 1000 年前的历史去证明所分析的循环。这个千年循环甚为重要，例如：在公元 916～923 年，欧洲经历了战争及农作物失收。历史证明，1000 年后的 1916～1917 年，欧洲处于第一次世界大战中，亦再出现饥荒。

江恩所指，在长线的周期里面，除了千年周期外，82～84 年，是一个重要的长线循环。例如：1864 年是棉花期货的历史性高点，82 年之后，江恩准确指出 1946 年的 7 月 9 日及 10 月 5～8 日为棉花期货价格的重要高点。

此外，60 年的长期循环亦为棉花期货的重要循环周期，因为其中包含两个 30 年的循环。例如：棉花期货在 1864 年创历史性高点，30 年后的 1894 年，是棉花价格的低点，而另外 30 年后的 1923～1924 年，是棉花价格的另一个高点。江恩指出，分析者必须留意所有市场中的 30 年循环周期效应。

一个值得注意的循环为 49 年长期循环，据江恩的经验，49～50 年是小麦的重要循环，经常出现重要的顶部或底部。江恩解释，7 年是一个经济收缩以致萧条的数字，而 7 个 7 年的周期更经常出现农作物失收等现象，是一个人类经济活动的重要循环(图 3-1)。

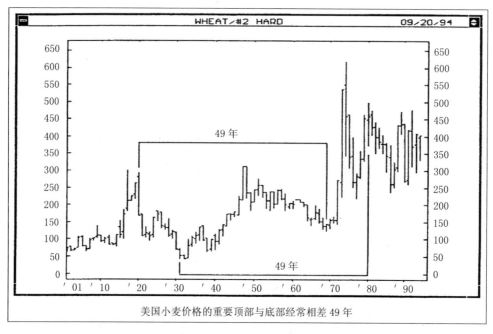

美国小麦价格的重要顶部与底部经常相差 49 年

图 3-1　美国小麦价格年线图

　　江恩理论的精要是，在所有的市场因素之中，时间的因素占了决定性的位置。他对市场时间的分析，是根据循环理论入手，他并非以市场资料做实证的研究，而是由理论的先验架构作为分析的起点。江恩的循环理论，是名副其实的循环，是以一个圆形的 360°作为分析的架构。

　　他经常强调，市场的长期循环为 90 年、82～84 年、60 年、49 年、45 年、30 年及 20 年。中期循环方面，为 15 年、13 年、10 年、7 年、5 年、3 年、2 年及 1 年的理论。

　　江恩的循环分析以 30 年为基础，其他长、中、短的循环是以 30 年的倍数或份数来厘定的。30 年的重要性乃因为 30 年里面共有 360 个月，亦即一个完整圆形的度数。根据 360°的倍数或分割，我们可以得到以下的循环周期：

　　90 年——360×3

　　60 年——360×2

30 年——360×1

22.5 年——360×0.750

20 年——360×0.666

15 年——360×0.5

10 年——360×0.333

7.5 年——360×0.25

江恩的市场周期理论的范围非常广泛，长期甚至为 1000 年的循环周期，而短者则甚至为 4 分钟的市场循环。4 分钟是所有市场循环中最细的一个，理由十分简单，因为一天共有 24 小时，1 小时有 60 分钟。换言之，一天共有 1440 分钟。地球的自转一天为 360°。换言之，地球自转 1° 的话，应为 1440 除以 360，亦即 4 分钟。

360 个月循环按三角及四方分成次一级循环：7.5 年、10 年、15 年、20 年、22.5 年及 30 年(图 3-2)。

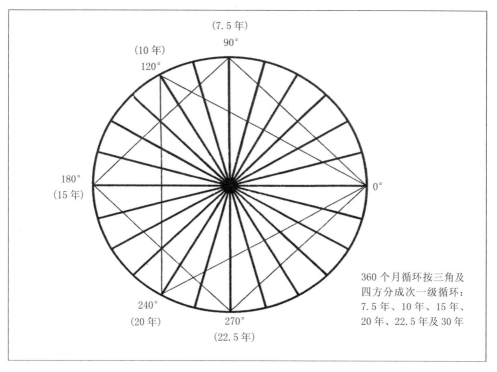

360 个月循环按三角及四方分成次一级循环：7.5 年、10 年、15 年、20 年、22.5 年及 30 年

图 3-2 360 个月中的次一级循环

若根据这个 4 分钟的循环理论，即市的短线市场循环周期可计算如下：

地球自转	30°	45°	60°	90°	120°	180°	240°	270°	360°
时间循环（小时）	2	3	4	6	8	12	16	18	24

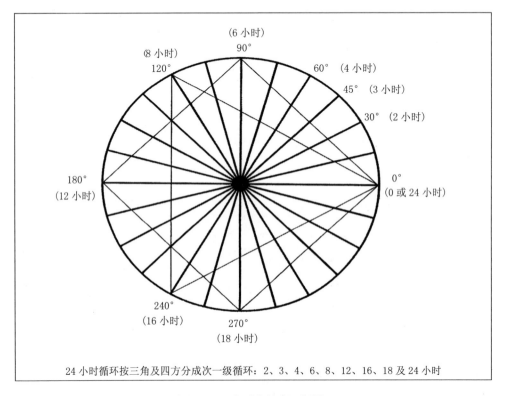

24 小时循环按三角及四方分成次一级循环：2、3、4、6、8、12、16、18 及 24 小时

图 3-3　24 小时中的次一级循环

从上面的计算，当一个即市的趋势运行了 2 小时、3 小时或 6 小时之后，这个趋势便可能逆转。

此外，若市场在一天之中的某段时间出现一个重要的转折点，则 1 天或 2 天之后的这段时间，便要特别留意市势的变化，市场可能又会在这段时间出现一次逆转。因为 1 天后或 2 天后是 360° 乘以 1 倍及 2 倍，这点将十分有趣。

以美国标准普尔 500 指数期货 4 分钟图走势来看，2002 年 8 月 5 日在 831.20 形成低点，由此低位计算 90 个 4 分钟，正好为一个即市的短期转折点。此外，由 8 月 5 日低位 831.20 起计，第 180 个 4 分钟的时间刚好为 8 月 7 日的全日低位。之后，该期货合约价大幅上升(图 3-4)。

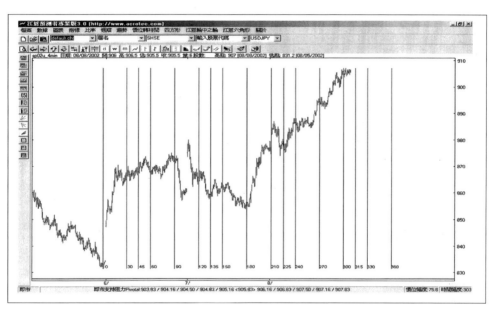

图 3-4　美国标准普尔 500 指数即市走势图

三、以年为单位的周期划分

江恩的市场周期理论中，30 年的周期处于理论中的中心地位。究其原因，相信亦与天文学有关。30 年里面共有 360 个月。换言之，是月球围绕地球 360 次，是一个圆形循环的周数。

以黄铜走势为例，美国纽约黄铜现货价由 1956 年高峰每磅 46 美分下跌至 1958 年的低位每磅 25 美分，跌幅 45.7%。

由 1958 年开始，黄铜开始大幅飙升，至 1988 年高见 168 美分见顶，上升的时间刚好完成一个 30 年的循环，之后，黄铜价格连跌 5 年，于 1993 年低见 79 美分，价格下跌 53%(图 3-5，图 3-6)。

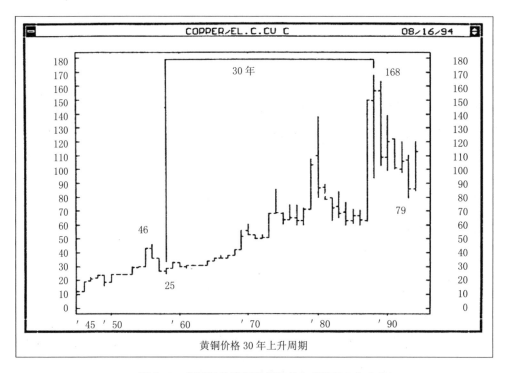

图 3-5　美国纽约黄铜现货价格年线图(30 年上升)

除了 30 年的市场周期外，江恩所强调的中长期市场循环周期分别是：20 年、15 年、13 年、10 年、7 年、5 年、3 年及 1 年的循环。

20 年是 30 年循环的 $\frac{2}{3}$，而 15 年是 30 年循环的一半。

在长期走势中，黄铜价格由 1958～1988 年运行完成一个 30 年的循环，其中，升浪的起点正由 1958 年后的 15 年及 20 年的时间开始，日期是 1973 年及 1978 年。

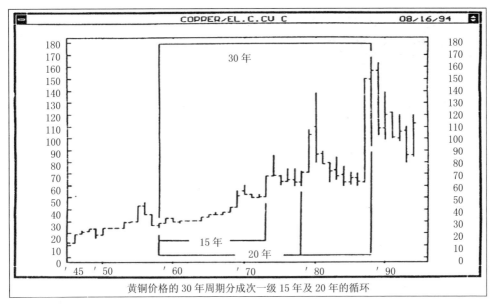

黄铜价格的30年周期分成次一级15年及20年的循环

图 3-6　美国纽约黄铜现货价格年线图(30 年的次一级周期)

据江恩的观察，13 年是小麦价格的重要周期，市场由最高价至最低价，经常相隔 13 年或 156 个月。此外，重要的市场顶部或底部经常相隔 13、26、39 及 52 年(图 3-7)。

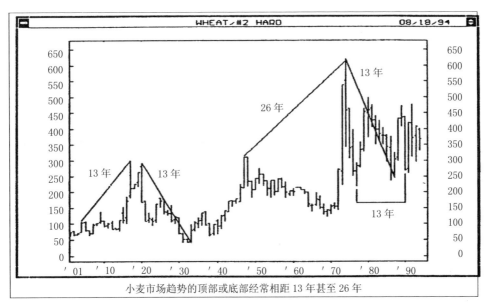

小麦市场趋势的顶部或底部经常相距13年甚至26年

图 3-7　小麦价格年线图

四、10年循环的重要意义

对于江恩而言，10年的循环是一个重要的循环。

据他的研究发现，市场经常每10年便重复类似的波动形态，而最高及最低点的时间亦十分接近。在某些市况下，市场的重要顶部及底部可能相隔10年半至11年。

根据这个10年循环理论，有两个要点：

（1）由10年前的市场顶部时间计起，可以计算10年后的顶部时间。

（2）由10年前的市场底部时间计起，可以计算10年后的底部时间。

以美元兑马克的走势为例，美元兑马克在1993年的走势大致上重现1983年，即10年前的走势（图3-8）。

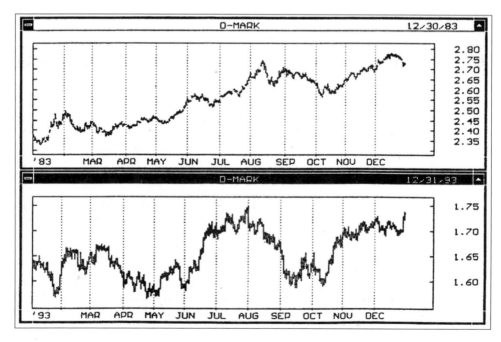

图3-8　美元兑马克1983年与1993年走势比较

1983 年，美元兑马克的重要顶部在 8 月 11 日的 2.7427 出现，而 10 年后的 1993 年的全年顶部则为 8 月 2 日的 1.7485 马克，相差只有 7 个交易日。

此外，美元兑马克在 1983 年的一个重要底部为 10 月 7 日的 2.5634，而 10 年之后，即 1993 年 10 月 5 日，美元低见 1.5900 马克，亦为一个重要的底部，相差只有 2 个交易日。

从上面的比较，10 年的循环所出现的，是市场形态的重现。

除了市场形态的重复出现外，10 年的循环亦引发价位重现。

日元期货在美国芝加哥的买卖始于 1972 年 5 月 16 日，当天日元期货的开市价为 0.3410。10 年半后，日元期货于 1982 年 11 月 4 日低见 0.3596，两者价位极为相近，堪称价位的 10 年回归(图 3-9)。

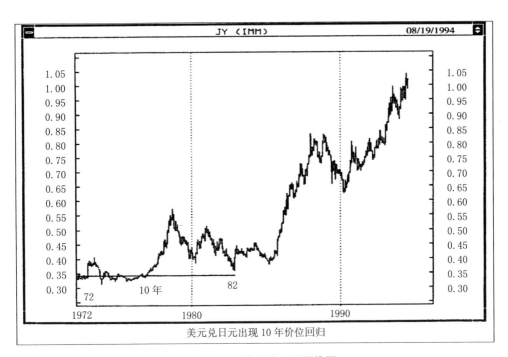

图 3-9　美元兑日元月线图

对于恒生指数的时间周期，笔者留意到一个相当有趣的例子。

1990 年 7 月 23 日，恒生指数高见 3559。之后，波斯湾战争爆发，恒指最低见 9 月 26 日的 2732，跌幅 23.2%(图 3-10)。

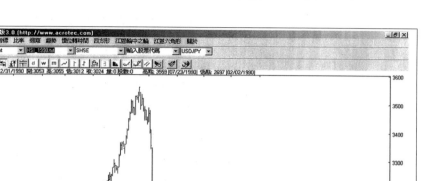

图 3-10　恒生指数 1990 年日线图

　　10 年后的 2000 年 7 月 21 日星期五(7 月 23 日为星期天，休市)，恒指高见 18125.27，之后，恒指进入熊市，同年 11 月指数低位 13894.19，为全年低点。十分有趣的是，恒指由 7 月高位 18125.27 跌至 11 月低位 13894.19，跌幅共 23.34%，与 10 年前全年的跌幅 23.2%差不多一样(图 3-11)。

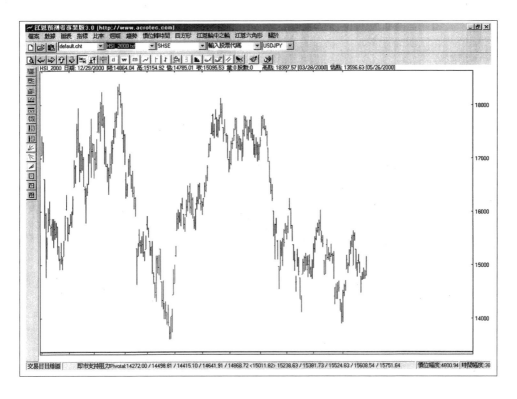

图 3-11　恒生指数 2000 年日线图

　　江恩的市场循环理论特别强调 10 年循环周期，因 10 年循环等于 120 个月(图 3-12)。

　　而从 120 个月可划分为几个较细的循环：

(1) 120 个月的一半为 60 个月，亦即 5 年的循环。

(2) 120 个月的 $\frac{1}{4}$ 为 30 个月，亦即两年半的循环。

(3) 120 个月的 $\frac{1}{8}$ 为 15 个月。

(4) 120 个月的 $\frac{1}{16}$ 为 7.5 个月。

(5) 120 个月的 $\frac{1}{3}$ 及 $\frac{2}{3}$ 分别为 40 及 80 个月。

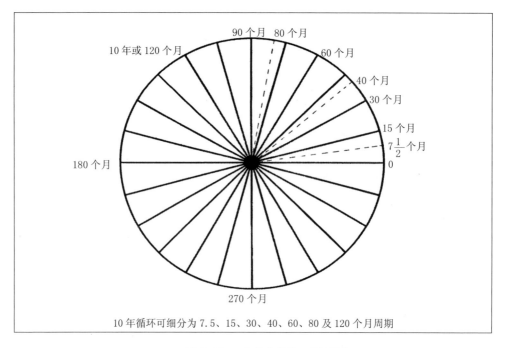

10年循环可细分为 7.5、15、30、40、60、80 及 120 个月周期

图 3-12　10 年中的次一级循环

　　上述时间，是投资者需要留意的转势日期。

　　除此之外，江恩亦特别着重一个 7 年的循环。7 年的循环等于 84 个月，若由一个市场重要顶部或底部起计算，7 年后市场可能再次出现一个顶部或底部。此外，7 年的一半或 $\frac{1}{4}$，即 42 个月或 21 个月，亦是投资者需要留意的市场转势时间，这两段时间可由 21～23 个月及 42～44 个月不等。在某些市况，市场会在 10～11 个月转势，原因是这段时间为 7 年的 $\frac{1}{8}$。

　　至于较细的循环，则为 3 年及 2 年，期间市场亦会以 1 年的循环运行，运行时间约为 10～11 个月。

　　江恩的 10 年市场周期理论有几点值得留意：

　　(1) 当市场以 10 年的循环周期运行的时候，应以市场的最高或最低点开始计算，一般而言，市场有 5 年上升，5 年下跌。

　　(2) 在 5 年的升市中，根据江恩的经验，有 2 年升，1 年跌，再有 2 年上升，才完成 5 年的升市。5 年升市通常在第 59～60 个月完结，因此第 59 个月是要特别留意的。

(3) 对于 5 年的跌市，江恩认为通常亦有 2 年跌，1 年反弹，再有 2 年下跌，才完成 5 年的下跌。

江恩的研究认为，一个长期的升市或跌市，很少会运行超过 3～3.5 个月而未见 3～6 个月的调整，除非这是处于长期循环的末段。大部分的趋势都不会运行超过 2 年，特别要注意的月份包括第 23、24、27、30 个月时市势的变化。在极端的市势之中，第 34、35、41 及 42 个月皆值得留意(图 3-13)。

以美元兑马克的长期走势为例(图 3-14)：

(1) 美元由 1973 年的顶部下跌至 1980 年的底部，共 84 个月，亦即 7 年循环。

(2) 由 1980 年低位，美元上升至 1985 年高位，共 61 个月，亦即 5 年循环。

(3) 由 1985 年 2 月高位至 1992 年 9 月低位，共 7 年 7 个月，或 91 个月，亦即 $\frac{3}{4}$ 个 10 年循环。

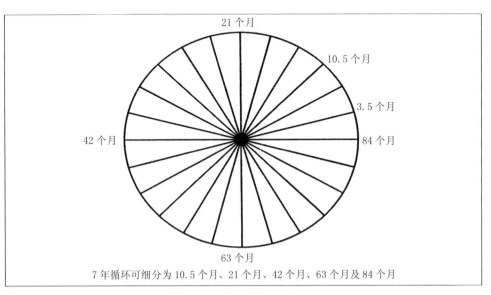

7 年循环可细分为 10.5 个月、21 个月、42 个月、63 个月及 84 个月

图 3-13　7 年中的次一级循环

47

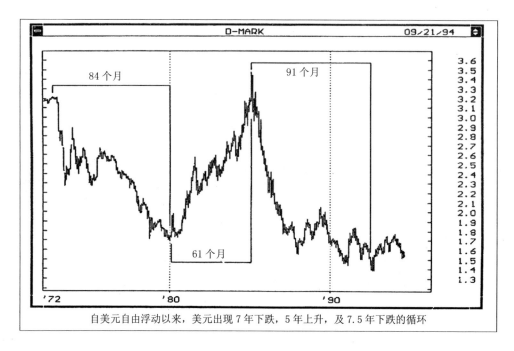

自美元自由浮动以来，美元出现 7 年下跌，5 年上升，及 7.5 年下跌的循环

图 3-14　美元兑马克月线图

　　据江恩市场 10 年循环周期的研究，由任何一个顶部计算 10 年时间，市场便会出现另一个顶部。在这个 10 年的市场循环内，由上一个周期的重要顶部起计，3 年后将出现一个顶部，之后再加 3 年，另一个顶部便会出现，而在这个顶部之后再加 4 年，市场便会到达 10 年循环周期的顶部。在某些情况下，市场会提早出现顶部。因此，由上一个顶部开始，第 27(2.25 年)、34(2.83 年) 及 42(3.5 年) 个月的时间是必须留意转势的 (图 3-15)。

　　除此之外，5 年的循环亦对市场发生作用，由任何一个顶部计算 5 年后，将会出现下一个底部。相反来说，由市场任何一个底部计算 5 年，将会出现下一个顶部。

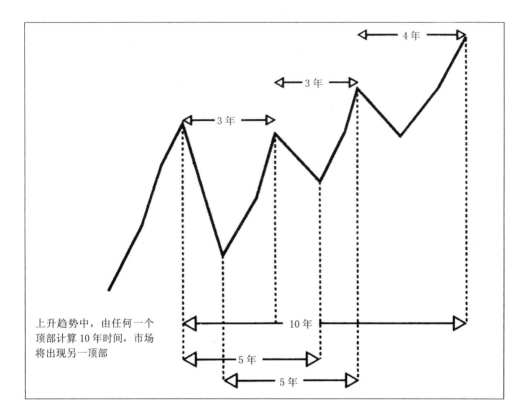

图 3-15　相隔 10 年会出现另一个顶

　　至于在下跌的趋势之中，跌市通常会运行 7 年的时间。由上一个循环的底部计算，3 年后会出现下一个底部。从这个底部起计，4 年后市场将会出现 7 年循环的底部，亦即是第二个底部（图3-16）。

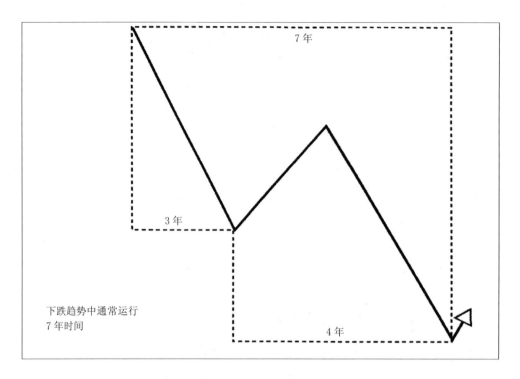

7 年

3 年

下跌趋势中通常运行
7 年时间

4 年

图 3-16　相隔 7 年会出现另一个底

在应用江恩的市场循环理论时，有以下两点要注意：

（1）在判断市场转势时，永不要忘记，留意时间是否到达转势阶段。

（2）在重要转势的时间，要留意市场是否到达重要的支撑位或阻力位。

除 10 年外，以年为单位的重要循环是 5 年，因 5 年循环是 30 年的 $\frac{1}{6}$，或 60 个月，是市场的重要转折点。

将上述的循环应用在美元兑马克的走势之中，笔者有以下有趣的发现：

1988 年美元兑马克的全年高位是 8 月 10 日的 1.9250 马克。5 年之后的 1993 年，美元兑马克的全年高位亦是在 8 月出现的，时间是 8 月 2 日，而最高价位为 1.7485 马克（图 3-17）。

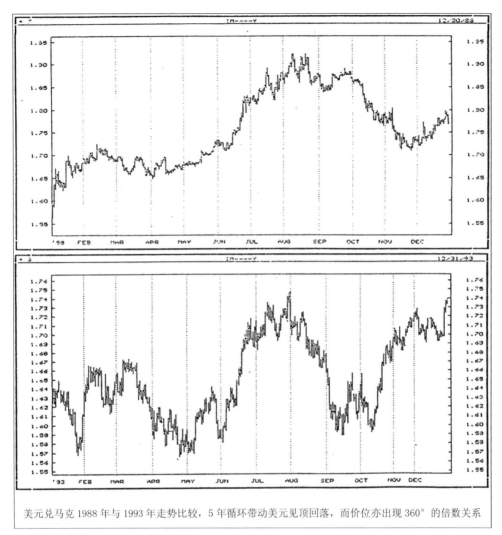

美元兑马克1988年与1993年走势比较，5年循环带动美元见顶回落，而价位亦出现360°的倍数关系

图3-17 美元兑马克1988年与1993年走势比较图

　　不单是在时间方面美元兑马克同时在8月创出全年高峰，价位方面亦有十分重要的循环出现。若将360°的价位循环化为一年360点，则5年的价位便应运行1800点。

　　1988年的全年高位是8月10日的1.9250马克，若减去5年所运行的价位1800点，水平应为1.7450马克。而实际上，美元兑马克于5年后的1993年8月2日高点为1.7485马克，与上述的水平

51

只相差 35 点而已!

换言之,根据上面的周期理论,5 年前的顶或底部的转势时间,经常带动 5 年后市场同样出现市势逆转。此外,5 年前的价位,亦会经常与 5 年后的价位出现 360°的倍数关系。

对于江恩的周期理论,5 年以下者只属于中短期的循环而已,其中包括 3 年、2 年及 1 年。不过,其中的短线循环,亦是由 30 年循环的 360 个月分割而得,市场的顶部或底部,往往会在这些时间后出现。

5 年 =360×(1/6)=60 个月

3.75 年 =360×(1/8)=45 个月

2.5 年 =360×(1/12)=30 个月

178 年 =360×(1/16)=22.5 个月

以英镑的走势为例:英镑于 1991 年 2 月 6 日的 2.0045 美元见中期的顶部,2 年之后的 1993 年 2 月 12 日,英镑于 1.4065 美元见底回升。上述两者俱为 2 月转势,而日期上更相差只有 6 天(图 3-18)。

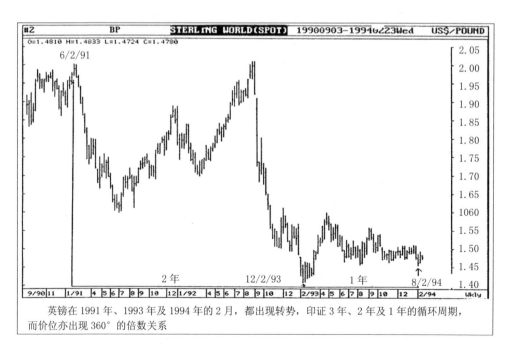

英镑在 1991 年、1993 年及 1994 年的 2 月,都出现转势,印证 3 年、2 年及 1 年的循环周期,而价位亦出现 360°的倍数关系

图 3-18　英镑兑美元周线图

若由 1991 年 2 月 6 日的 2.0045 美元起计，3 年之后的 2 月，英镑亦出现一个底部，乃是于 1994 年 2 月 8 日所造的低位 1.4540 美元，两个日期只相差 2 天。当然，依上面的日子来看，英镑于 1993 年 2 月 12 日 1.4065 美元见底，1 年之后的 2 月，英镑见底的机会便会相当大。若以 1994 年 2 月 8 日 1.4540 美元低位与 1993 年 2 月 12 日低位 1.4065 比较，时间上只相差 4 天。

从价位的角度剖释，若一年的时间循环运行 360°，将之化为价位循环 360 点，则英镑 1994 年 2 月低位应与 1993 年 2 月低位相差约 360 点。

1993 年 2 月 12 日，英镑于 1.4065 美元见全年最低位，当天高、低、收市价的平均值为 1.4195 美元，由此数加上 360 点，则所计算的 1994 年 2 月的水平应为 1.4555。事实上，1994 年 2 月 8 日的高、低、收市价平均值为 1.4602，与上面水平相差只有 47 点，而全日低位则为 1.4540，只相差 15 点。

五、以月为单位周期

基本上，以月为单位的循环分析方法与年的分析十分类似，重点有以下几个：

(1) 在重要的市场底部后计 3 个月，之后再加 4 个月（7 个月），便可得到一个市场底部或是市场出现一个反作用的时间。

(2) 在上升的趋势中，调整通常不会超过 2 个月，到第三个月市场将见底回升。

(3) 在极端的市况下，一个市场的调整可能只有 2~3 个星期，在这情况下，市场可能连续上升 12 个月，而比上月的底部每月上升。

(4) 在大升市中，一个短期的下跌趋势可能运行 3~4 个月，之后市场才转势回升。

(5) 在大跌市中，一个短期的反弹可能维持 3~4 个月，然后再转势回落。

以英镑为例：

(1) 英镑于 1992 年 9 月 2.01 见顶，至 1993 年 4 月为另一个重要顶部 1.5971，相隔共 7 个月。

(2) 由图 3-19 可见，英镑几个重要的调整或反弹皆以 3 个月为限，之后市场便会继续其趋势。

英镑于 1985 年 2 月低见 1.0345 美元，是英镑的历史性低位，由这个低位起计 90 个月（即 14 个 360 月），英镑于 1992 年 9 月高见 2.01 美元，之后，英镑大幅下滑，进入 9 年的跌市（图 3-20）。

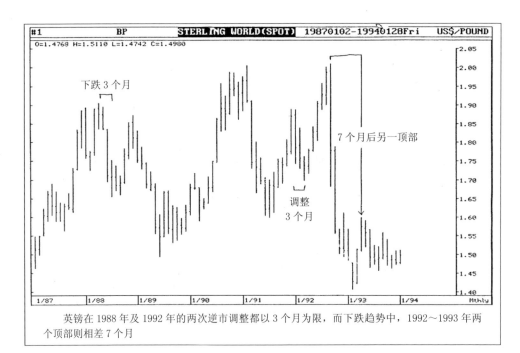

英镑在 1988 年及 1992 年的两次逆市调整都以 3 个月为限，而下跌趋势中，1992～1993 年两个顶部则相差 7 个月

图 3-19　英镑对美元月线图

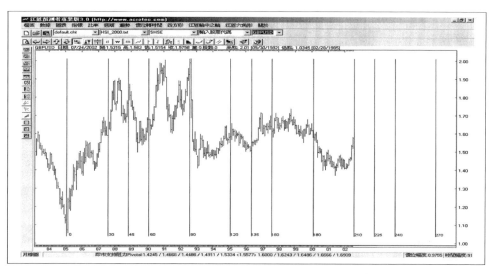

图 3-20　英镑兑美元日线图

美国标准普尔 500 指数由 2000 年 3 月高点下跌至 2002 年 7 月低位 775.68，跌幅刚好 50%，而若以时间周期来看则十分有趣，该指数在历史性高点之后的 30、45、60、90 及 120 星期均见中期的转折点(图 3-21)。

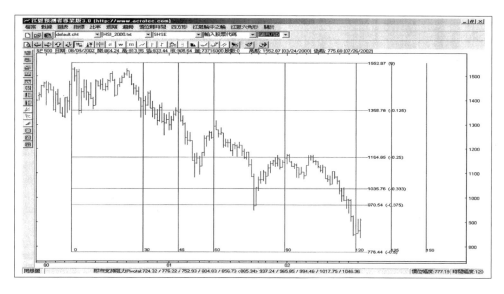

图 3-21　美国标准普尔 500 指数周线图

六、以星期为单位周期

若将我们的时间橱窗缩小至以周线图为单位，江恩的市场周期理论仍然有效。

江恩认为，在一个升市之中，市场的调整通常有 2～3 星期，间或会有 4 星期，之后，市场通常会恢复上升。江恩提出有以下两个规则以做依循：

(1) 在升市中的调整，可预期市场会在第三周的中间时间见底回升，而以全周高位收市。

(2) 在某些情况，市场要到第四周才调整完毕，之后，市场会以全周的高位收市。

换言之，当市场调整的时间足够，而该周以全周高位收市，市场重入升势的机会甚大。

在大升市中，若成交量充足，则市场可能会上升 6～7 周，然后才出现调整。在某些极端的例子，市场甚至会上升 13～15 周(即 $\frac{1}{4}$ 年)才出现调整。

至于市场运行整个趋势的时间，江恩提出有以下几点值得注意：

(1) 1 星期有 7 天，而七七四十九天的 7 星期，市场的趋势经常会出现逆转。因此，当市场运行至第 49～52 天的时候，投资者应留意市势会出现调整。

(2) 市势逆转亦可能发生在第 42～45 天，因为此乃 18 年。

(3) 市势运行至第 90～98 天时，投资者亦要小心市势会出现调整，因为此乃 $\frac{1}{4}$ 年。

七、以天为单位周期

江恩在分析市场走势时，首要去做的乃是要断定该年份市场应该是上升或下跌。若为上升的话，则该年市势所出现的调整通常会有2～3星期，之后，会整固3～4星期，然后再创新高，上升6～7星期。

若市场已经见顶，则市势可能会下跌2～3星期，之后市势再出现2～3星期的反弹。不过，这次反弹中，并未能创出新高。其后，市场可能会在窄幅内上行一段时间，然后才向下突破。

至于短线的趋势方面，江恩要留意的转势时间十分简单，是由上次市场顶部或底部起计30天、60天、90天及120天。换言之，乃是360天的 $\frac{1}{12}$、$\frac{1}{6}$、$\frac{1}{4}$ 及 $\frac{1}{3}$ 时间。

较为中线者，江恩则留意180天、270天及330天的时间。江恩认为，在这些时间所出现的市势逆转，很多时会成为主要的转势时间。

以美元兑马克为例，有两次跌市都运行180天。其中一次，美元兑马克由1991年7月5日高峰1.8430下跌至1991年尾的1.50水平后，以双底回升，第一个底为1991年12月27日的1.5015，第二个底为1992年1月8日的1.5025，前者与1.8430相差175天，后者相差187天，而平均则为181天(图3-22)。

美元由1991年7月下跌至1992年1月，约下跌180个自然日

图3-22 美元兑马克日线图

对于江恩而言，180 天是一个重要的市场趋势运行时间，因为此乃一年的一半。

以美元兑马克为例，1992 年亦出现一次 180 天后转势。

美元兑马克于 1992 年 3 月 20 日高见 1.6860，之后，美国联储局逐步减息，美元大幅下跌，直至美元低见 1.38 马克才见底。

美元在 1.38 马克亦造出一个双底来逆转趋势。第一个底在 1992 年 9 月 2 日的 1.3860 马克造出，与 1.6860 的当年顶部相差 166 天；而第二个底则在 1992 年 10 月 5 日的 13885 马克造出，与 1.6860 相差 199 天，两者平均为 182 天，亦即约一年的一半。

换言之，180 天是十分重要的转势时间，值得投资者深思。

从美元兑马克的走势来看，美元 1993 年的顶部为 8 月 2 日的高峰 1.7485，180 天后为 1994 年 1 月 29 日，而美元见 1.7686 顶点的时间为 1994 年 2 月 8 日，时间上相差只有 10 天。是故，美元进入 1994 年 2 月后，出现大跌(图 3-23)。

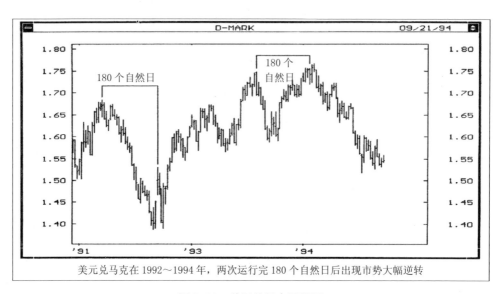

美元兑马克在 1992~1994 年，两次运行完 180 个自然日后出现市势大幅逆转

图 3-23　美元兑马克周线图

八、季节性周期

　　作为一位天文学家，江恩对于大自然气候的变化十分敏感，他认为金融市场的价格波动，亦经常有季节性的影响，据他的观察，有两段时间投资者需要特别留意：

　　(1) 1 月份的 2～7 日，以及 15～21 日。

　　(2) 7 月份 3～7 日以及 20～27 日。

　　从天文学角度来看，1 月 5 日被称为"近日点"(Perigee)，是地球轨迹最近太阳的一天，因此地球公转速度最快。7 月 5 日则被称为"远日点"(Apogee)，是地球轨迹最远太阳的一天，因此地球公转速度最慢(图 3-24)。

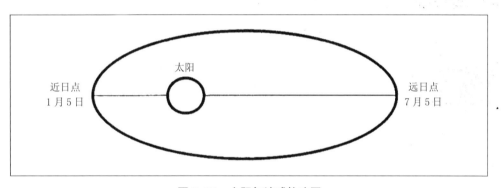

图 3-24　太阳与地球轨迹图

　　此外，从气候节气来看，1 月 20 日在中国被称为"大寒"日，而 7 月 23 日则被称为"大暑"日，是一年气温最极端的时间。

　　因此看来，江恩所发现的是气候对市场情绪影响的周期。

　　关于 1 月份的时间，江恩提醒投资者，要留意该月市场所造出的顶部或底部，除非 1 月份的顶部或底部突破，才可决定该年市势的上升或下跌。

　　有时，市场在 1 月份所造的顶或底，要等到该年的 7 月、8 月才能突破。在某些情况下，这些 1 月份顶部或底部会成为全年的顶或底。

以汇市为例，由 1973～1994 年的 22 年里面，美元兑马克在 1 月份造出全年的顶部者共有 8 年，即 36%，而年份为 1973、1974、1976、1977、1978、1986、1987 及 1990 年。至于美元兑马克在 1 月见全年低位的则有 5 年，即 22%，年份是 1980、1981、1982、1983 及 1988 年。

总括而言，美元在 1 月造全年底部或顶部的共 58%，因此，1 月份对于汇市是相当重要的。

此外，据笔者的研究，1 月与 7 月、8 月确为汇市的重要时间，以时间周期来看，1 月与 7 月相差半年，即 180 天，是江恩所强调的时间循环。

据笔者观察，1 月 5 日及 7 月 5 日均为十分重要的转势时间（图 3-25）。由图可见：

（1）美元兑马克 1988 年 1 月 4 日于 1.5640 结束 2 年多的下跌趋势，见底回升。

（2）美元兑马克于 1991 年 7 月 5 日于 1.8430 见重要顶部。

（3）美元兑日元于 1994 年 1 月 5 日高见 113.58 后大幅下跌，跌破 100 日元大关。

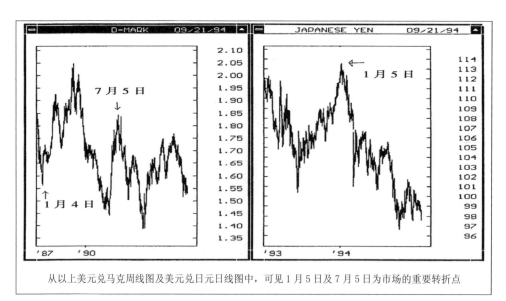

从以上美元兑马克周线图及美元兑日元日线图中，可见 1 月 5 日及 7 月 5 日为市场的重要转折点

图 3-25　美元兑马克周线图及美元兑日元日线图

除了汇市之外，1994 年港股走势亦有极为经典的例子（图 3-26）。

（1）1994 年 1 月 4 日，港股高见 12599 点，见中期的顶部。

（2）1994 年 7 月 7 日，港股低见 8298 点，见底反弹。

上述两者都与江恩指出的 1 月及 7 月份转势日期极为接近。

在一年之中，江恩指出的季节性循环有两段时间，其一是 1 月份，其二为 7 月份。

在 7 月份中，江恩特别提出要留意的日子有二：一是 7 月 3～7 日；二是 7 月 20～27 日。正如 1 月份一样，江恩指出 7 月份中，市场经常会出现一个顶部或底部，甚至是趋势逆转。

7 月份市场会出现逆转的原因十分简单，在 7 月份，不少上市公司会分红派息，债券亦会到期，因此影响市场资金的流向。国际性的投资者亦会选择这段时间重组其投资策略，因此重要性不容忽视。

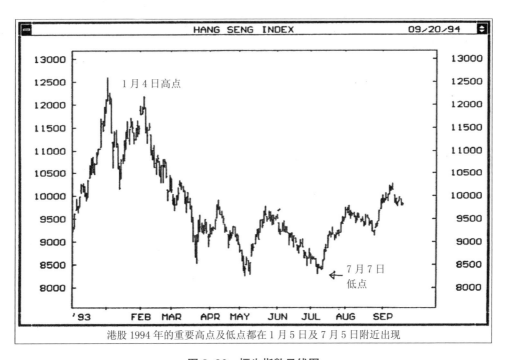

港股 1994 年的重要高点及低点都在 1 月 5 日及 7 月 5 日附近出现

图 3-26　恒生指数日线图

据笔者的观察，1月与7～8月的关系的确相当微妙，可总结如下：（1）若1月见顶或底，则市场可能要到7～8月才能突破这些顶或底。（2）若1月是全年的顶或底的话，则市场可能会运行至7～8月才完成一个趋势，从而见全年的顶或底。（3）若1月是全年的顶或底的话，则7～8月可能会出现另一个反弹或调整的顶或底，之后，市场会重入全年的趋势之中。

对于美元兑马克1973～1993年的每年走势来说，例子如下：

第一种情况：1975、1979、1984、1992年；

第二种情况：1973、1981、1983、1988、1993年；

第三种情况：1974、1976、1977、1978、1980、1982、1985、1987、1989年。

以下列出美元兑马克1973～1996年的每年走势图（图3-27至图3-32）。

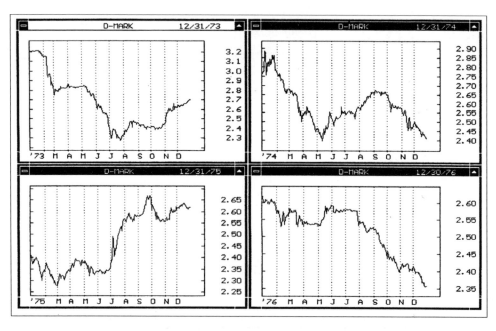

图 3-27　美元兑马克 1973～1976 年日线图

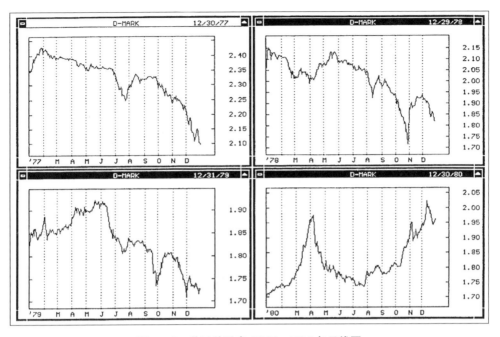

图 3-28 美元兑马克 1977 ~ 1980 年日线图

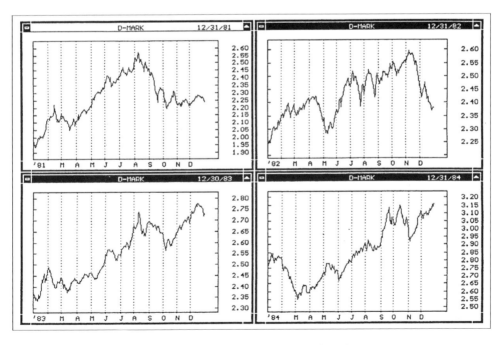

图 3-29 美元兑马克 1981 ~ 1984 年日线图

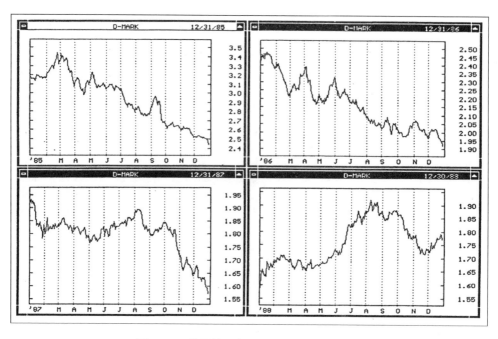

图 3-30 美元兑马克 1985～1988 年日线图

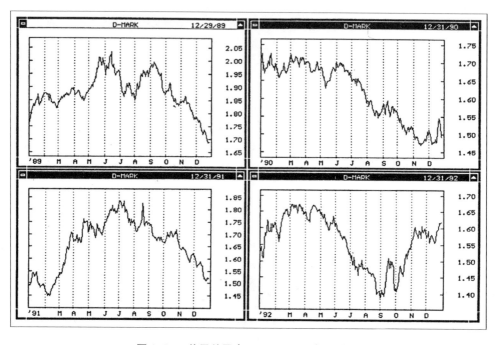

图 3-31 美元兑马克 1989～1992 年日线图

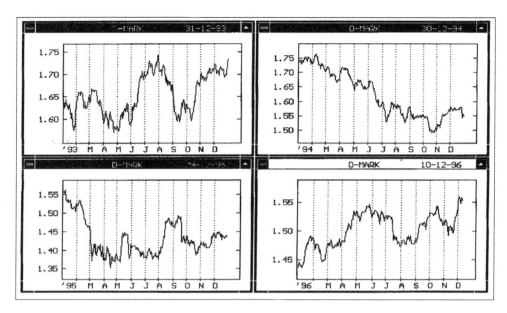

图 3-32　美元兑马克 1993～1996 年日线图

以美元兑日元为例，1973～1993 年间，美元兑日元在 1 月份见全年顶的共有 8 年，即 38%，年份分别为：1973、1974、1975、1976、1977、1986、1987 及 1993 年。

美元兑日元在 1 月份见全年底部的共有 5 年，即 23.8%，年份分别为：1979、1981、1982、1983 及 1989 年。

换言之，有 62% 的市况是在 1 月见全年的高点或低点的。

根据上面江恩的 1 月及 7 月理论，美元兑日元的走势可印证如下：

第一种情况：　1975、1984、1988、1990、1992 年

第二种情况：　1976、1981、1983、1986、1993 年

第三种情况：　1974、1977、1978、1979、1982、1987、1989 年。

以下列出美元兑日元 1973～1996 年每年走势图（图 3-33 至图 3-38）。

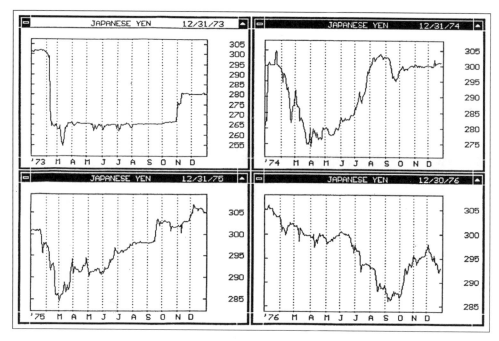

图 3-33　美元兑日元 1973～1976 年日线图

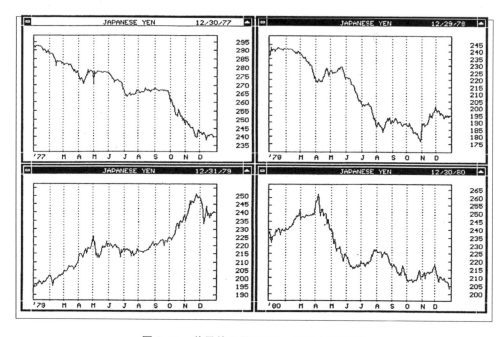

图 3-34　美元兑日元 1977～1980 年日线图

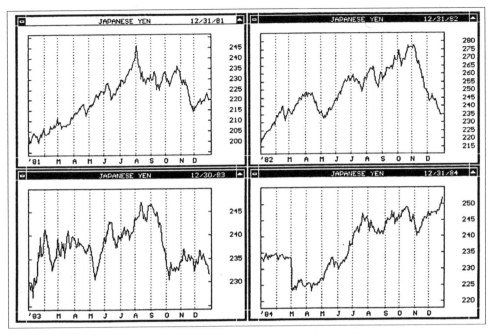

图 3-35　美元兑日元 1981～1984 年日线图

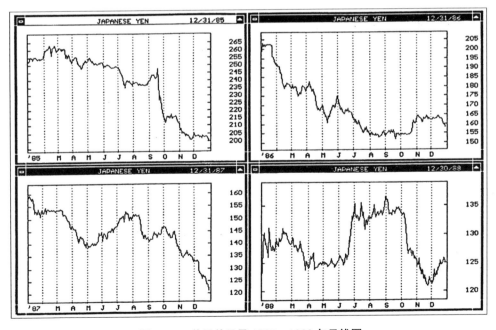

图 3-36　美元兑日元 1985～1988 年日线图

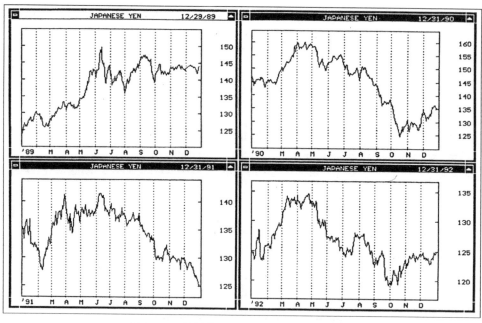

图 3-37 美元兑日元 1989～1992 年日线图

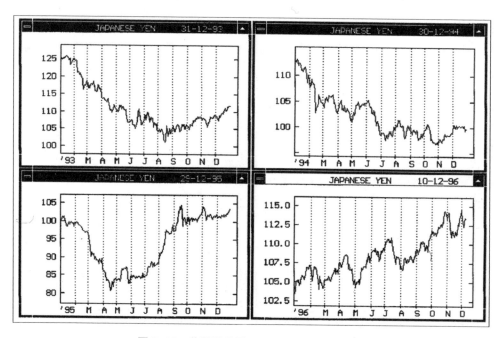

图 3-38 美元兑日元 1993～1996 年日线图

江恩的长中期循环理论可说十分简单，乃是将一个圆形的360°化为月份划分，从而计算中期循环。

对于市场的短线循环周期，江恩亦有十分仔细的研究。他的分析方法亦是利用一个圆形的360°作为分析的基础，从而分析一年的走势。

一年的循环乃是地球围绕太阳运行一周的时间，将地球的轨迹按比例分割，我们便可以得到市场短期的循环。

问题是，究竟如何开始分割一年的循环呢？江恩的答案是选取一年的春分点作为分割的起计，春分点亦即太阳回归的时间，是日，日夜时间均等，日期为3月21日。

至于分割的比率方面，江恩所用的有4种：是将一年分二、分三、分四及分八，时间上与中国历法的节气不谋而合。

现将分割的时间排列于下：

0 —— 3月21日——春分

1/8 —— 5月5日——立夏(春分后45天)

1/4 —— 6月21日——夏至(春分后90天)

1/3 —— 7月23日——大暑(春分后122天)

3/8 —— 8月5日——立秋前两天(春分后19.5周)

1/2 —— 9月22日——秋分(春分后182天)

5/8 —— 11月8日——立冬(春分后32.5周)

2/3 —— 11月22日——小雪(春分后35周)

3/4 —— 12月21日——冬至(春分后39周)

7/8 —— 2月4日——立春(春分后45.5周)

江恩的时间循环理论与中国历法中的二十四节气不谋而合，前者用以分析市场走势的变化，而后者则用以分析大自然气候的变化，然而，上述两个范畴并非风马牛不相及，相反，其互相呼应的程度却经常令人赞叹(图3-39)。

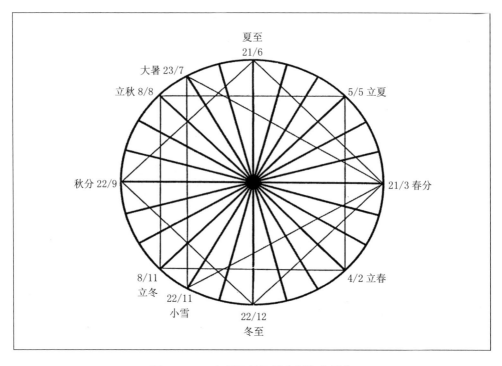

图 3-39 一年循环按江恩分割比率划分

以美元兑马克的走势观察，江恩的一年市场循环对其市势起跌甚具决定性作用。以下列举一些有趣的例子：

（1）美元兑马克在 1992 年及 1993 年均在春分前后出现一次中期的转折点（图 3-40）。

① 1992 年 3 月 20 日春分前夕，美元兑马克于 1.6860，见全年顶部。

② 1993 年 3 月 11 日春分前 10 天，美元兑马克于 1.6735，见中期顶部，是 1993 年第二个顶。

（2）在 1993 及 1994 年，美元兑马克两次都在冬至 12 月 22 日前后见短期底部，然后出现市势急促向上攀升的局面。

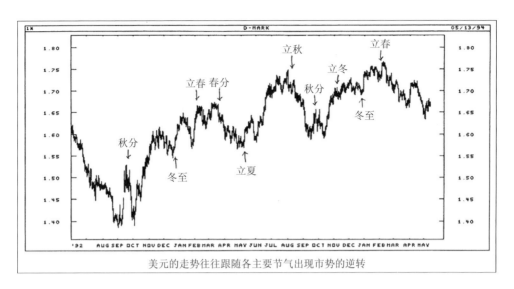

美元的走势往往跟随各主要节气出现市势的逆转

图 3-40　美元兑马克日线图

（3）在过往两年，似乎汇市对于季节的转变十分敏感，每到立春、立夏、立秋及立冬，市势都出现颇为中线的改变。1994 年美元兑马克的顶部是 2 月 8 日的 1.7686 马克高峰，2 月 8 日是 1994 年立春（2 月 4 日）之后的第二个交易日。之后，美元兑马克大幅下跌。

汇市反复无常，有如大自然节气的变化一样，不过，只要你如天文台一样掌握到天文的知识，大致上都会在你的预料之内。

1994 年美元兑马克的顶部是在 2 月 8 日，是立春之后的第二个交易日，对马克起着"化寒为暖"之效。美元兑马克由 1.7686 急跌至 2 月 21 日的低位 1.7105。

事有凑巧，2 月 21 日是立春下一个节气雨水之后的第一个交易日，美元兑马克由 1.7105 反弹至 2 月 24 日的高位 1.7405。

下一个节气是 3 月 6 日的惊蛰，美元则于 3 月 7 日的 1.7250 完成反弹，再度急跌。

美元第三个反弹的顶部是 3 月 21 日的 1.7025，该天刚好是春分之时。

之后美元在清明（4 月 5 日）开始营造顶部，至 4 月 20 日谷雨时，美元兑马克开始如倾盆大雨暴泻而下，至 5 月 4 日的低位

1.6320 马克见底。

美元兑马克在 1.6320 见底反弹之后一天，便是立夏之时。美元由顶到底，刚度过 $\frac{1}{4}$ 年的时间。

更为凑巧的是，春分之日 3 月 21 日的高点 1.7025，刚好约在这次美元由 1.7386（立春）至 1.6320（立夏）跌浪的中间点。其余节气影响可参见图 3-41。

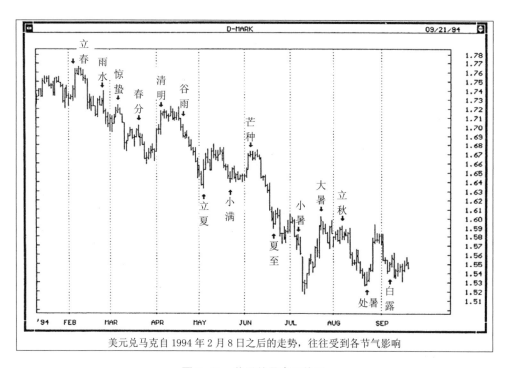

美元兑马克自 1994 年 2 月 8 日之后的走势，往往受到各节气影响

图 3-41 美元兑马克日线图

对于港股的时间周期特性，有愈来愈多的证据及例子告诉我们节气周期的重要性。

众所周知的是，港股在 1997 年的全年高点发生在 8 月 7 日的 16820.30，当天是立秋之日。

其后港股大幅下跌，其最主要的反弹高点发生在 3 月 26 日的 11926.2，与 3 月 22 日春分点相差只有 3 个交易日。

港股 2000 年高点在 3 月 28 日的 18397.57，与春分点亦只相差 3 个交易日。

之后，港股在 2001 年 9 月 21 日低见 8894.36，与秋分点只相差一天(图 3-42)。

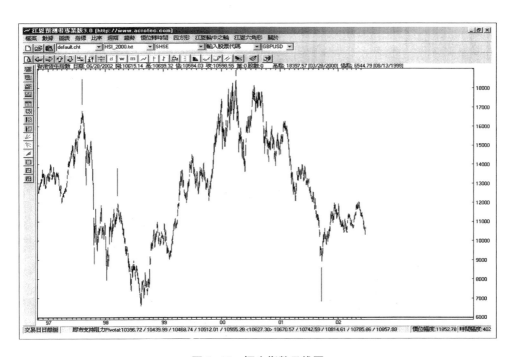

图 3-42 恒生指数日线图

在应用江恩的市场周期理论时，有以下几点须知：

(1) 时间是最重要的因素，除非时间方面有足够的证据证明转势，切忌愚莽判断市势逆转。

(2) 在判断市势逆转时，要留意价位方面的支撑及阻力位能否配合。

(3) 不同的时间循环产生不同的转势时间。

① 日线图的逆转通常为 7～10 天；

② 周线图的逆转通常会运行 3～7 星期；

③ 月线图的逆转，通常会运行 2～3 个月甚至以上。

(4) 留意市场是否比去年创新高或新低。假如市场在过往 5 年皆一浪高了一浪上升，而今年的底下破去年的底，则表示一个中长期的跌市将会展开，反之亦然。

(5) 当市场大幅上升或下跌后，市价第一次回吐或反弹超过 $\frac{1}{4} \sim \frac{1}{2}$，则投资者必须考虑市场可能转势。

(6) 由市场的历史性重要顶部或底部起计，若市价由上次顶部或底部逆转至重要顶部或底部幅度的 $\frac{1}{4}$，$\frac{1}{3}$ 或 $\frac{1}{2}$，则表示市场的趋势已经改变。

(7) 最重要的是花时间研究上述的规则在实际市况中的应用。

九、价位重现与周年纪念日

江恩理论的基本哲学是"历史必须重复发生"，重复发生可取广义与狭义两个意思，广义的意思是指市场有类似的表现，狭义的意思是指市场的价位会重复出现，或市场逆转的时间会在相同的日期发生，在同月同日出现。

江恩理论奥妙之处，是他所取的"重复发生"的意义，是狭义的意思。换言之，他认为根据市场周期，价位会重复出现，市场逆转会根据周年纪念日而发生。

江恩认为，金融市场经常存在着 5 年、10 年、20 年以至 30 年的时间循环，市场历史有时会重复发生。

从过往 100 年的美国小麦价格走势中，笔者清晰发现这个 30 年循环中价位重现的作用(图 3-43)。

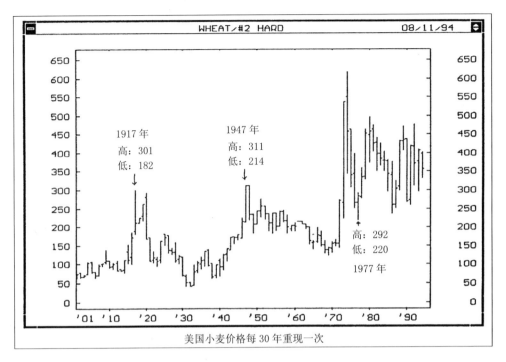

美国小麦价格每30年重现一次

图 3-43　美国小麦价格年线图

　　1917 年，小麦价格出现大幅飙升，创出十几年来的大顶，当年的全年上下幅度为每桶 182～301 美分。

　　30 年后的 1947 年，小麦价格再次创数十年来的高峰，当年的全年上下幅度为每桶 214～311 美分。

　　再 30 年后是 1977 年，当时小麦价格并非再创高峰，相反，1977 年是见底回升的一年。1977 年全年的上下幅度为 220～292 美分。

　　综合而言，小麦价格每 30 年出现一次市势大逆转，而价格亦在 200～300 美分水平之间重复出现一次。

　　在中短期的循环里面，据笔者的研究，美元兑马克在 1988、1990、1991、1992、1993、1994 年的 6 年里面，每年春分 3 月 21 日时都回升至 1.68 的水平，充分表现马克价位春分回归的周期现象，成为江恩价位重现理论的有力证明(图 3-44)。

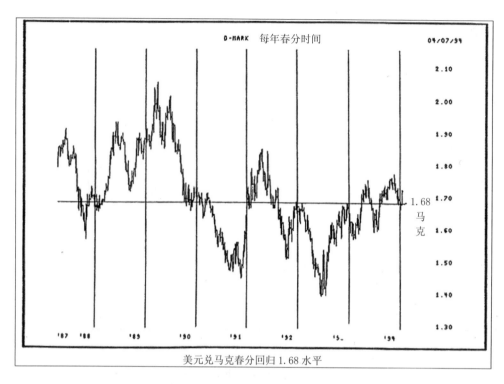

美元兑马克春分回归 1.68 水平

图 3-44　美元兑马克春分时间图

　　1994 年 2 月 14 日情人节，美元兑日元大幅下跌，即日下跌 500 点，日元强势没法挡(图 3-45)。

　　笔者发觉，2 月 14 日的日元走势有一个十分有趣的现象：

　　(1) 2 月 14 日美元兑日元的波幅，基本上重现 1993 年 8 月 19 日的走势。1994 年 2 月 14 日的波幅为 101.00～106.52，而 1993 年 8 月 19 日美国联邦储备局入市干预日元，所造出的波幅为 101.00～106.75，上面两个波幅仅相差 23 点。

　　(2) 由 1993 年 8 月 19 日至 1994 年 2 月 14 日，两者相距共 179 天，与 180 天的半年循环仅相差 1 天而已。

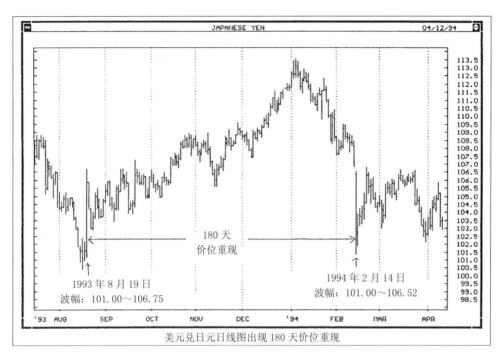

美元兑日元日线图出现 180 天价位重现

图 3-45 美元兑日元日线图

在此，美元兑日元的走势再次印证江恩的理论。江恩的理论认为，市场的走势是根据循环周期运行的，而循环的周期则以一个圆周 360° 的倍数及分数而成。当循环再度出现的时候，市场的波动走势经常会重复出现。

江恩市场循环理论极具吸引力，因为他声称，只要分析者能够掌握到产生市场周期的原因，分析者便能根据市场循环理论，准确预测市场的走势，而市场的波动，亦经常会重复出现。

笔者讨论过美元兑日元的走势，指出该市场的走势基本上是根据一个半年的周期所引发。除了美元兑日元之外，笔者发觉，英镑亦出现过类似的例子(图 3-46)。

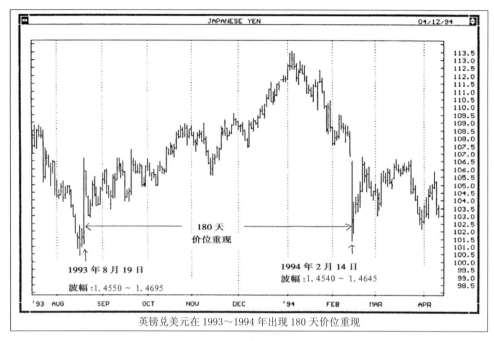

英镑兑美元在1993~1994年出现180天价位重现

图3-46 英镑兑美元日线图

英镑于1993年8月9日低见1.4550美元，之后大幅回升至1.55，是一个中短期的市场转折点。

1993年8月13日英镑的波幅为1.4550~1.4695美元。由此日起计，一个半年循环周期之后，英镑再次重现此一价位的水平。

1994年2月4日，英镑受到减息 $\frac{1}{4}$ 厘的影响，最低见1.4540，之后，出现大幅的反弹，亦成为一个短期的市场转折点。

1994年2月10日，英镑的全日波幅为1.4540~1.4645，重现1993年8月13日英镑的价位波幅。

更为神奇的是，上述两者的日期相距为181天，与360的一半180天，只相差1天而已。

上海证券综合指数于2002年3月21日春分点高见1693.87，并成为当时的中期高点。于3月21日，上证指数上下幅度为1675.24~1693.87(图3-47)。

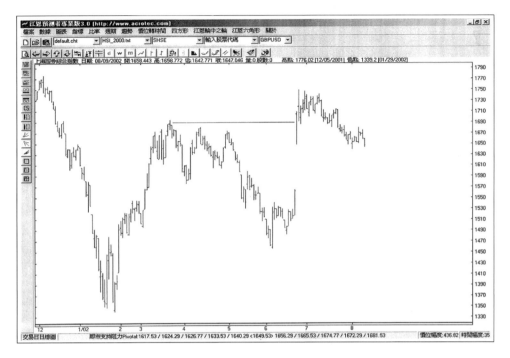

图 3-47 上海证券综合指数日线图

91 个自然日后的夏至点，上证指数出现价位重现。在 6 月 22
日（星期六，休市）之后的第一个交易日，上证指数裂口上升，当天
上下幅度为 1647.5～1709.07，与 91 天前一样。

江恩周年纪念日的理论认为，未来市场的逆转时间经常与从前
市场逆转的日期存在周年纪念日（Anniversary Date）的关系，其中
他特别着重金融市场的季节性循环。他所使用的方法十分简单，是
以市场在过往多年来的转势时间做一统计，从而推断未来可能出现
市势逆转的日期。

表 3-1 罗列美元兑马克由 1972～1993 年 22 年内每年的高低
点，对了解汇市周年日十分有用。

表 3-1

年份	低点日期及价位	高点日期及价位
1972	6 月 26 日 (3.1447)	10 月 24 日 (3.2144)
1973	7 月 25 日 (2.2727)	1 月 19 日 (3.2134)
1974	5 月 13 日 (2.3952)	1 月 7 日 (2.8877)
1975	3 月 3 日 (2.2763)	9 月 23 日 (2.6688)
1976	12 月 29 日 (2.3552)	1 月 2 日 (2.6192)
1977	12 月 30 日 (2.0964)	1 月 26 日 (2.4295)
1978	10 月 30 日 (1.7164)	1 月 9 日 (2.1505)
1979	12 月 3 日 (1.7085)	5 月 18 日 (1.9238)
1980	1 月 2 日 (1.7042)	12 月 11 日 (2.0321)
1981	1 月 6 日 (1.9271)	8 月 10 日 (2.5793)
1982	1 月 4 日 (2.2301)	11 月 8 日 (2.5980)
1983	1 月 10 日 (2.3293)	12 月 16 日 (2.7793)
1984	3 月 7 日 (2.5361)	12 月 31 日 (3.1585)
1985	12 月 31 日 (2.4354)	2 月 26 日 (3.4770)
1986	12 月 31 日 (1.9185)	1 月 14 日 (2.4813)
1987	12 月 31 日 (1.5685)	1 月 8 日 (1.9395)
1988	1 月 4 日 (1.5620)	8 月 10 日 (1.9250)
1989	12 月 28 日 (1.6750)	6 月 15 日 (2.0480)
1990	12 月 7 日 (1.4715)	1 月 4 日 (1.7355)
1991	2 月 11 日 (1.4430)	7 月 5 日 (1.8430)
1992	9 月 2 日 (1.3860)	3 月 20 日 (1.6860)
1993	4 月 26 日 (1.5640)	8 月 2 日 (1.7485)

　　总结过往 22 年美元兑马克的走势，12 月份见全年低位的机会最大，其次是 1 月份，表 3-2 列出 22 年来的全年低点日期。

表 3-2

月份	次数	日期	月份	次数	日期
1	5	2,4,4,6,10 日	7	1	25 日
2	1	11 日	8	0	—
3	2	3,7 日	9	1	2 日
4	1	26	10	1	10 日
5	1	13 日	11	0	—
6	1	26 日	12	8	3,7,28,29,30,31,31,31 日

美元兑马克超过 6 成的全年低位是在 12 月或 1 月。

虽然实质而言，12 月及 1 月的美元低位可能只是处于同一个趋势之内，但即使将 12 月及 1 月的 13 次低位减半，12～1 月见全年低位的机会仍然较其他月份为高。

以日期观察，美元兑马克见全年低位的时间可以进一步缩窄至 12 月 28 日至 1 月 6 日之内。因此，每年持美元过新历元旦者，经常都可利用季节性循环获利。

美元兑马克在过往 22 年来，1 月份见全年最高位的机会最大，其次是 12 月份，现将 22 年来美元兑马克的全年高位列于表 3-3 中。

表 3-3

月份	次数	日期	月份	次数	日期
1	8	2,4,7,8,9,14,19,26 日	7	1	5 日
2	1	26 日	8	3	2,10,10 日
3	1	20 日	9	1	23 日
4	0	—	10	1	24 日
5	1	18 日	11	1	8 日
6	1	15 日	12	3	11,16,31 日

综合来看，有 50% 的机会，美元兑马克会在 12～1 月见顶。有趣的是，美元兑马克的见顶月份，与见底的月份十分接近。

换言之，对于美元兑马克汇价，12 月份及 1 月份都是重要的转势月份，这个季节性影响值得大家正视。

此外，有两点值得注意。

(1) 美元兑马克未曾试过在 8 月份及 11 月份见全年底位。

(2) 美元兑马克未曾试过在 4 月份见全年高位。

总结而言，市场重要日子的周年纪念日经常引发市场周期性的变化，因此投资者必须经常参考往年市场的走势。

本章图例 3-27 至 3-32 及 3-46 已将美元兑马克及美元兑日元 24 年来的每年走势图给出，供研究江恩周年纪念日时参考。

以下为黄金价格由 1973～1996 年的每年走势图(图 3-48 至图 3-53)。

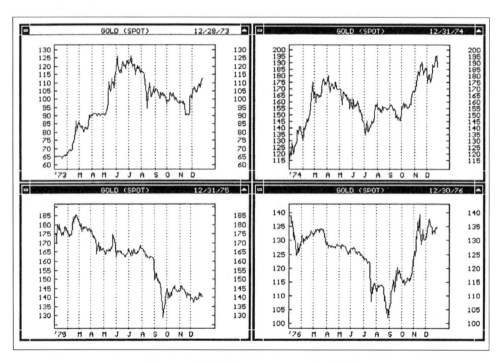

图 3-48　黄金价格 1973～1976 年日线图

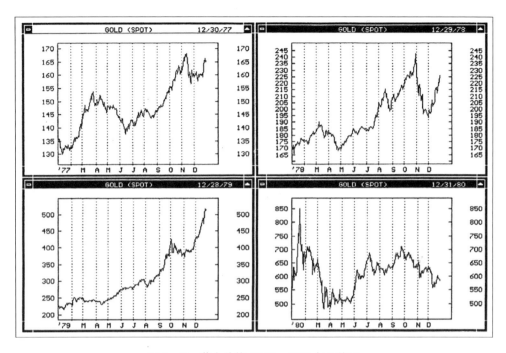

图 3-49　黄金价格 1977～1980 年日线图

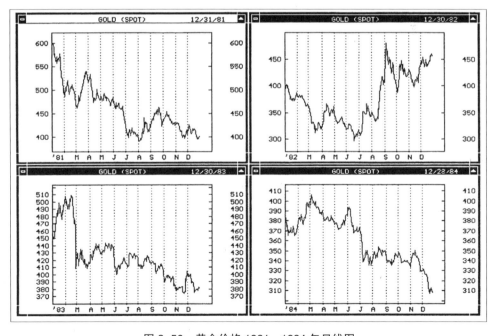

图 3-50　黄金价格 1981～1984 年日线图

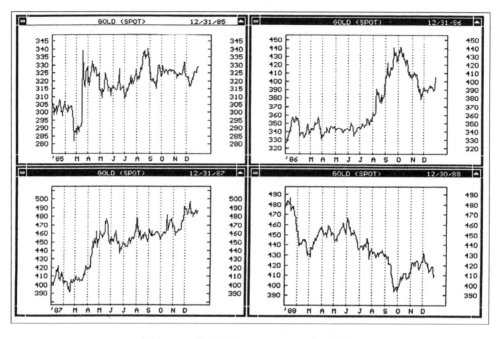

图 3-51　黄金价格 1985～1988 年日线图

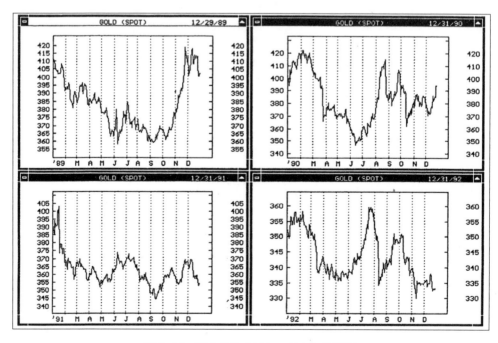

图 3-52　黄金价格 1989～1992 年日线图

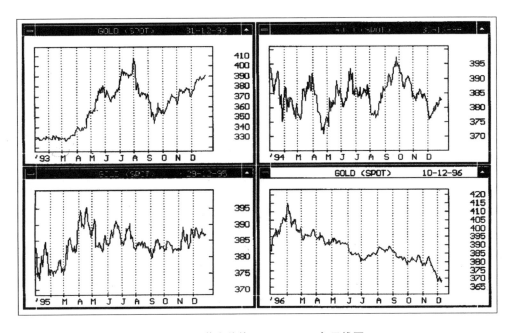

图 3-53　黄金价格 1993～1996 年日线图

第四章

"7"之市场规律

永不确认市场转势，直至时间超越平衡为止。

——威廉·江恩

一、"7"的重要所在

江恩对"7"这个数字极为注重，他认为无论"七天""七星期"或"七个月"以至"七年"，都是一个重要的市场转折点的时间。江恩认为，上帝创造世界是以 7 天完成的，因此"7"是代表完全的意思。

以 30 年的时间循环来看，$\frac{1}{4}$ 的循环为 7 年半，其中共有 90 个月。据江恩的理论，7 年以至 7 年的倍数，例如 14 年、21 年、28 年，都是市场的重要的转点。

以英镑为例，7.5 年的周期，两度引发市场的重要转变(图 4-1)。

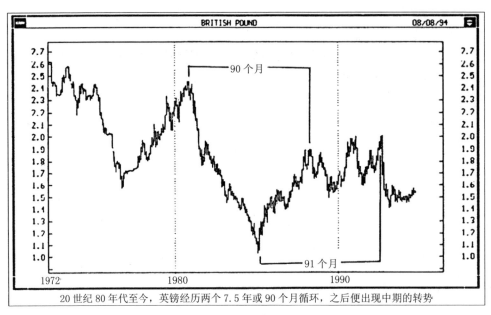

20 世纪 80 年代至今，英镑经历两个 7.5 或 90 个月循环，之后便出现中期的转势

图 4-1　英镑兑美元月线图

第一次，英镑 1980 年的高峰为 10 月份的 2.4555 美元，之后英镑大幅下跌至 1985 年 2 月的 1.0300 美元，其后，英镑反弹至另

一重要顶部，是 1988 年 4 月的 1.9055 美元，两个重要顶部相隔 90 个月。

第二次，英镑在 1985 年 2 月创出历史性的低位 1.0300 美元，之后英镑大幅反弹，至 1992 年 9 月 8 日高见 2.0100 美元见顶回落，时间共运行 91 个月，亦为 7.5 年的周期。

由此可见，7.5 年的周期十分重要。

在江恩众多的分析方法里面，数字"7"的应用拥有崇高的地位。分析者若要正确理解市场的周期，必须将一个圆形的 360° 分拆为 7 份儿，从而了解市场的转折点。

将圆形 360° 分成 7 份儿，其分割的角度如下：

360° 的 $\frac{1}{7}$ 是 51.4；

360° 的 $\frac{2}{7}$ 是 102.8；

360° 的 $\frac{3}{7}$ 是 154.3；

360° 的 $\frac{4}{7}$ 是 205.7；

360° 的 $\frac{5}{7}$ 是 257.1；

360° 的 $\frac{6}{7}$ 是 308.6；

360° 的 $\frac{7}{7}$ 是 360.0。

根据江恩的理论，上面的数字将成为市场的日线图、周线图、月线图甚至年线图的阻力位。此外，若将上面的数字再除 2，所得到的数字亦将为十分重要的水平。

以 $\frac{1}{7}$ 个圆形来看，数字是 51.4，处于 49～52 之间，市场有不少转折点都发生在这段时间内。

51.4 的 $1\frac{1}{2}$ 倍为 77.1，亦是一个十分重要的市场角度，因此 77 天、77 个星期或 77 个月，都是市场的重要转折点。

同样，市场的趋势经常会以 7 的数字运行，例如：7 星期、7 个月以至 7 年的周期(图 4-2)。

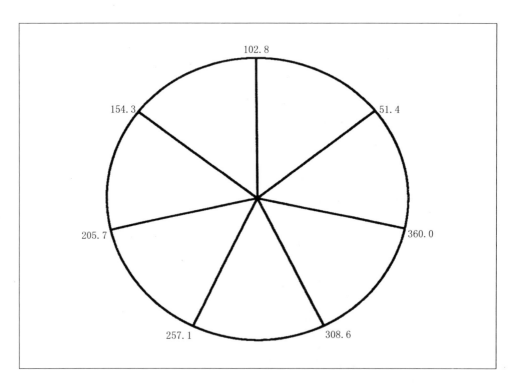

图 4-2　360° 循环分为 7 份儿图

美元兑马克于 1992 年 9 月 2 日 1.3860 见底后回升，第一个浪顶是在 9 月 17 日高见 1.5305，由这个高点起计，至 1994 年 2 月 8 日走完 361 个交易日，刚好完成一个时间循环。若上述周期分为 7 份儿，每一份儿约为 52 个交易日。事实上，美元在 $\frac{2}{7}$，$\frac{3}{7}$，$\frac{5}{7}$ 的时间都出现一个大幅的市势逆转，时间恰到好处(图 4-3)。

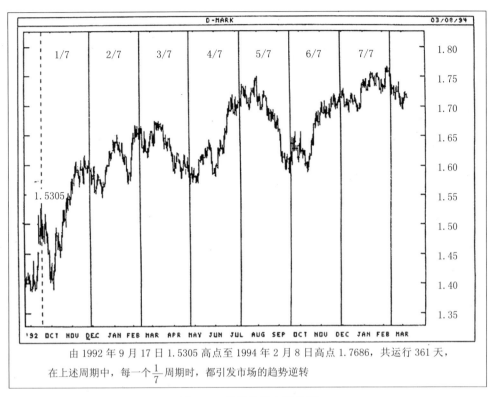

由1992年9月17日1.5305高点至1994年2月8日高点1.7686，共运行361天，在上述周期中，每一个$\frac{1}{7}$周期时，都引发市场的趋势逆转

图4-3 美元兑马克日线图

二、"77"的影响力

江恩理论认为，77是个极为重要的市场周期的数字，笔者回顾美元兑马克的长期走势，77果然极具影响力。

在月线图上，美元兑马克由1978年10月的低位上升至1985年2月的高位，其间约77个月。由1985年2月3.4665马克的高位，至1991年7月高位1.8430马克，亦共77个月。此外，由美元自由浮动的1972年3月起，至1978年10月的低位，其间亦约为77个月(图4-4)。

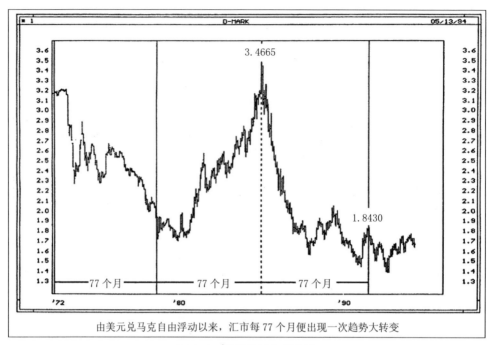

由美元兑马克自由浮动以来，汇市每 77 个月便出现一次趋势大转变

图 4-4　美元兑马克月线图

以周线图来看，美元兑马克由 1988 年 1 月的 1.5640 上升至 1989 年 6 月 15 日的高位 2.0480，其间共 75 个星期，与 77 个星期只差两星期。由 1989 年 6 月高位起，美元兑马克大幅下跌至 1991 年 2 月，而由 1989 年高位起计 77 个星期，时间是 1990 年尾，两者相当接近(图 4-5)。

此外美元兑马克由历史性低位 1992 年 9 月的 1.3860 起，到 1994 年 2 月的顶部 1.7686，其间共运行 75 个星期，与 77 个星期只相差两星期而已。

十分巧合的是，1988 年的美元大反弹与 1992 年的美元大反弹，时间上都共运行 75 个星期。由上面可见，77 乃是市场周期上一个重要的数字。

"77" 对于美元兑日元走势的作用，有两个例子可做参考。

(1) 以美国日元期货的走势来看，日元在 IMM 开始买卖的时间是 1972 年 5 月，若计算 77 个月后，时间是 1978 年 10 月，当时日元期货高见 0.5735 美元后大幅回落，日元期货要等到 8 年后的 1986 年 4 月才上破此阻力位。

（2）事实上，日元期货由 1978 年 10 月的调整要到 1985 年 3 月的 0.3815 才正式完成，日元进入大幅上升期。上述两个时间之间，刚好共相差 77 个月。

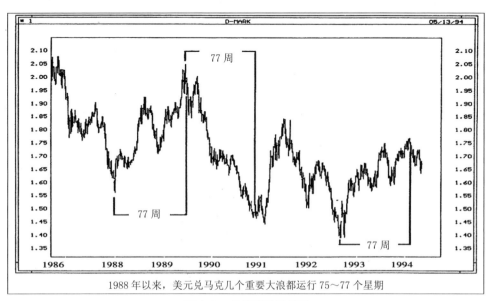

1988 年以来，美元兑马克几个重要大浪都运行 75～77 个星期

图 4-5　美元兑马周线图

自 1972 年日元期货合约开始买卖以来，出现两个 77 个月的周期

图 4-6　美国日元期货月线图

十分有趣，恒生指数由 2000 年 3 月 28 日高点 18397.57 至 2001 年 9 月 21 日低点 8894.36 总共运行了 77 个星期。之后，恒指显著反弹(图 4-7)。

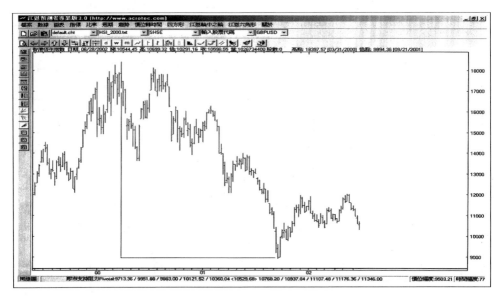

图 4-7　恒生指数周线图

三、"7"的倍数

江恩对于数字"7"极为钟爱，他认为"7"乃是市场的重要趋势指针。

在日线图上，市场高低位之后的第 7 个自然日(即除交易日外，包括星期六、日等公众假期)是十分重要的。14 天也是重要的，而下一个重要日子则为 21 天。

在一个上升的趋势中，通常市场的调整是 14 天或 21 天，在下降趋势中，14 天或 21 天的反弹亦经常出现。

7 天的一半是 3.5 天，江恩认为市场在顶或底后的 3～4 天的表现可决定未来的趋势。

此外，7 天的倍数亦十分重要。

(1) 因为市场出现转势的时间，经常是 45～49 天。49 天之所以重要，是因为此乃 7 的平方，而 45 则为 360 的 $\frac{1}{8}$。

(2) 市场出现转势的时间，亦经常会是市场高低位之后的第 63～65 天。其原因是，63 乃是 7 的 9 倍，而 8 的平方则为 64。

(3) 另一个需要留意转势的时间是 81 天，此乃 9 的平方。

(4) 市场重要顶部及底部之后的第 90～91 天甚为重要，因为 90 是 360 的 $\frac{1}{4}$，而 91 是 7 的 13 倍。

最后要注意的市场时间是市场顶部或底部之后的第 180～182 天，此乃 360 或一年的 $\frac{1}{2}$。而 182 天乃是 7 天的 26 倍，对市场起着十分重要的作用。

江恩十分喜欢应用 7 天、7 星期及 7 个月为单位，以剖析市场的走势。究其原因，相信与月球的周期有关。月球的周期平均为 29.53 天，其 $\frac{1}{4}$ 或 90° 便约为 7 个自然日。以 7 天作为倍数，便可得到 7 星期及 7 个月的周期。

以美元兑马克的走势为例，美元兑马克由 1994 年 2 月 8 日 1.7686 以来的下跌，便是以"7"个自然日的倍数，配合 360 的份数而运行。

美元兑马克由 2 月 8 日 1.7686 下跌至 3 月 2 日的低位 1.6940，完成第一组浪的下跌，共运行 23 个自然日。值得注意的是：21 是 7 的 3 倍，而 22.5 是 360 的 $\frac{1}{16}$。

之后，美元由 3 月 2 日反弹至 3 月 7 日的 1.7250，是 1.7686 之后的 28 天，是 7 的 4 倍。

美元另一个反弹浪高点在 3 月 21 日的 1.7025，是 1.7686 之后的 42 天，是 7 的 6 倍。

美元跌浪中的重要低位在 3 月 25 日的 1.6588，是 1.7686 之后的第 46 个自然日。360 天的 $\frac{1}{8}$ 为 45 天，而 1.6588 之后的第一个交易日是 1.7686 开始的第 49 天，亦即 7 的平方。

之后，美元大幅反弹，4 月 12 日高见 1.7230 马克（图 4-8）。

由 1994 年 2 月 8 日的 1.7686 以来，美元的下跌大致上跟随 7 的倍数与平方数的规律运行

图 4-8　美元兑马克日线图

以时间来看，美元由 1.6588 反弹至 1.7230，共反弹 18 天，而交易日前后则为 13 天，十分接近江恩所述的 14 天反弹期。

此外，美元由 2 月 8 日 1.7686 至 4 月 12 日的 1.7230，共运行 64 个自然日。有趣的是：

（1）64 乃是 8 的平方；

（2）7 的 9 倍是 63。

美元兑马克的第二次上试 1.7230 是在 1.7686 后的 70 个自然日，是 7 的 10 倍。

4 月 18 日之后，美元大幅下跌至 5 月 4 日的 1.6320 马克，这组跌浪共下跌 910 点，时间前后共 13 个交易日。无独有偶，美元由 3 月 25 日 1.6588 反弹至 4 月 12 日的 1.7230，前后亦共 13 天。

此外，由 1.7686 以来的下跌，至 1.6320 马克共 86 天，而 7 的 12 倍是 84 天。而 5 月 4 日的前 3 个交易日是 81 天，是 9 的平方，对市场起着十分重要的作用。

第五章

江恩角度线

当你一旦完全掌握角度线，你将能够
解决任何问题，并决定任何股票的趋势。

——威廉·江恩

一、江恩角度线的意义

江恩理论的基本原理是市场的时间与价位存在着数学的关系，其中广为人知的是江恩的角度线理论。尽管江恩的角度线已被广泛应用，但其背后的理念，却已被分析者遗忘。

江恩的名言是："当价位与时间形成四方形，市场转势便迫近眼前。"(When prices quares time, a change in trend is imminent.)

一言以蔽之，江恩的理论是时间等如价位，价位等如时间，价位与时间可以互相转化。分析者若不谨记这个原则，则应用江恩角度线，便只知其然而不知其所以然。

1×1线为理论重点。

江恩角度线是按时间与价位之间的比例计算，其中最重要的是1×1线，1×1线所代表的乃是一个单位的时间相等于一个单位的价位，当市场到达这个平衡点时，市场便会出现震荡的作用。

此外，当时间与价位是1：1、1：3或1：4时，市场亦会出现重大的变化。

江恩角度线是由市场的重要顶点或底部延伸出来的，以判别市势的好淡，在上升1×1线之上的角度表示市势更强；在上升1×1线之下的角度表示市势愈弱。以下按不同时间价位的比例及角度，列出其他重要的江恩角度线，角度越高者反映市势愈强，相反则反映市势愈弱。

1×16线(86.25°)——每天上升160点；

1×8线(82.5°)——每天上升80点；

1×4线(75°)——每天上升40点；

1×2线(63.75°)——每天上升20点；

1×1线(45°)——每天上升10点；

2×1线(26.25°)——每天上升5点；

4×1 线（15°）——每天上升 2.5 点；

8×1 线（7.5°）——每天上升 1.25 点；

16×1 线（3.75°）——每天上升 0.625 点。

此外，江恩特别提到以下两条角度线，两者对长线的图表，例如周线图及月线图，有极为重要的意义。

1×3 线（71.25°）——每天上升 30 点；

3×1 线（18.75°）——每天上升 3.33 点。

对于较短期走势而言，另外两条江恩线亦甚为重要。

2×3 线（56.31°）——每天上升 15 点；

3×2 线（33.66°）——每天上升 6.66 点。

应用江恩角度线时，通用方法十分简单，若市价下破一条上升江恩线时，市价将下试下一个角度的江恩线支撑。相反，若市价上破一条下降江恩线，市价将进一步上试更高角度的江恩线（图 5-1）。

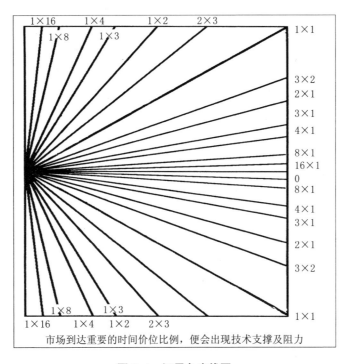

图 5-1　江恩角度线图

二、江恩角度线制作原理

研究江恩的时间价位理论时，分析者经常会遇到如何厘定时间与价位之间比例的问题，究竟多少时间才可以正确平衡价位的幅度呢?以下是现代江恩理论分析家的不同看法。

(1) 整数与比例——有部分分析家认为，由于江恩所使用的是1天代表1美分，因此时间与比率应以整数为主，以外汇市场为例，所使用的比例如下：

① 月线图：1月代表1000点或100点；

② 周线图：1周代表100点或10点；

③ 日线图：1天代表10点；

④ 小时图：1小时代表1点。

对于股市而言，恒生指数的有效比例为：

① 月线图：1月代表100点；

② 周线图：1周代表100点；

③ 日线图：1日代表100点或10点。

对于个别股票，有效比例则为：

① 月线图：1月代表1元或5角；

② 周线图：1周代表5角或1角；

③ 日线图：1日代表5角或1角。

不过，亦有分析家认为，江恩线的原理应与速度阻力线(Speed Resistant Line)的概念一样，先选择市场走势的主要趋势线作为1×1线，然后以此计算其他比例的角度线。笔者制作江恩角度线的原则是先选前者的方法，应用失效时才考虑第二种方法。

(2) 交易日或自然日——在日线图上制作时间与价位的角度时，究竟应使用交易日的日数，还是自然日(包括星期六、日及假期)的日数呢?江恩在此有不同的选择。他认为制作图表及时间价位角度线时，应使用交易日；但在计算时间循环时，则使用自然日。在此的难题是，既然时间价位是互相转换，则自然日制成的图表重要性便不容忽视。

笔者建议的做法是：分析者须制作两种图表，一种是交易日，另一种为自然日；量度时间循环时亦分两种，包括自然日及交易日。应用时，两种图表的信号都要兼顾。

江恩线或江恩时间价位角度线，是根据时间及价位运行的相对幅度，以判别市势的好淡，江恩线一经正确绘画，走势好坏无所遁形。

在不同的角度线之中，江恩 1×1 线最具决定性。只要价位一日在上升 1×1 线之上买卖，市势基本上仍然属于强势。每次市价接近上升 11 线时，投资者可趁低买入，而止损位可设于江恩线之下(图 5-2)。

若市场处于下降 1×1 线之下，走势则属弱势，每次市价反弹接近下降 1×1 线，都是卖空的机会，而止损位则可设于 1×1 线之上(图 5-3)。

江恩认为，1×1 线最为重要，它代表时间与价位幅度的平衡，因此 1×1 线将作为市势好淡的分水岭。

江恩更指出，如果投资者谨守上面买卖的原则及止损盘，单靠 1×1 线，投资者已可跑赢大市。

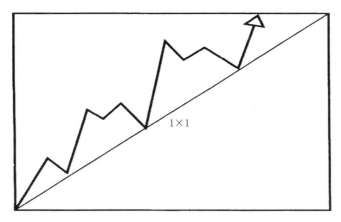

图 5-2 市价在上升 1×1 线之上表示上升趋势仍然持续

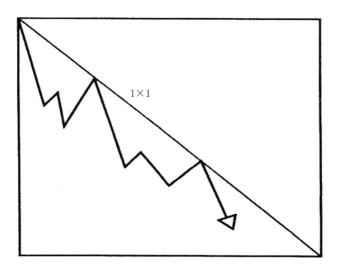

图5-3　市价在下降1×1线之下表示下跌趋势仍然持续

在应用1×1线以决定市势时，投资者可配合江恩的其他分析方法，特别考虑以下几点：

(1) 时间循环有否到达重要转折点；

(2) 价位有否出现转势形态；

(3) 价位是否到达重要支撑／阻力。

若上述三者同时出现，而价位突破1×1线，将确认转势。

三、江恩角度线的应用

1. 江恩1×1线

江恩角度线的意义是时间与价位的平衡，江恩的1×1线，表示时间运行的幅度与价位的运行幅度一样。

根据江恩理论，价位在1×1线之上，表示市势向上，在1×1线之下，表示市势向下。

不过，在应用江恩角度线时，我们必须有一个圆形的概念，市

场的作用经常在 90°、180°、270° 及 360° 的水平产生。因此在
江恩线上，并非所有水平都是同等重要，最需要特别留意的，乃是
市场的时间及价位都到达 90、180、270 及 360 的时候(图 5-4)。

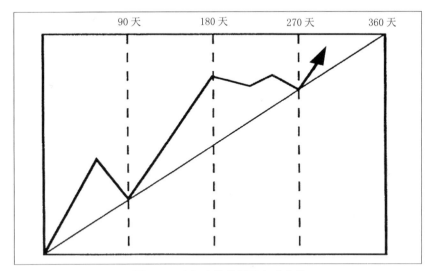

图 5-4　市场走势按循环角度变化

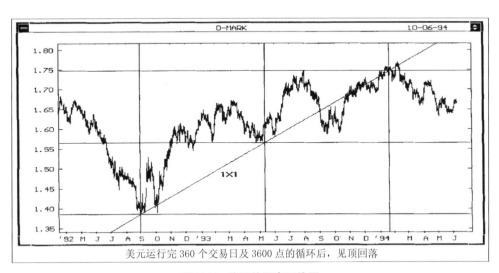

图 5-5　美元兑马克日线图

以美元兑马克的走势来看，美元由历史性低位 1992 年 9 月 2

日 1.3860 马克开始，以一个交易代表 10 个点的速度延伸而上的
1×1 江恩线，贯穿美元半年以来的上升（图 5-5）。

由图可见，美元兑马克有两个重要水平：

（1）美元兑马克的 1×1 线于 1993 年 5 月 13 日刚到达 180 个
交易日以及上升 1800 点，成为美元兑马克的重要支撑，美元之后
上创新高。

（2）美元兑马克的 1×1 线于 1994 年 1 月 24 日上升至 1.7460
马克，上升 3600 点，而时间则运行 360 个交易日。由图可见，这
个交叉点亦成为美元见底回落的关键点。

以台湾加权指数为例，在周线图上，台指由 2001 年 9 月低位
3411.68 开始上升，至 2002 年 4 月 26 日高位 6484.93，共上升 28
星期，其间，台指一直在 1×1 线之上运行。该 1×1 线的时间价位
比例为 1 星期上升 100 点（图 5-6）。

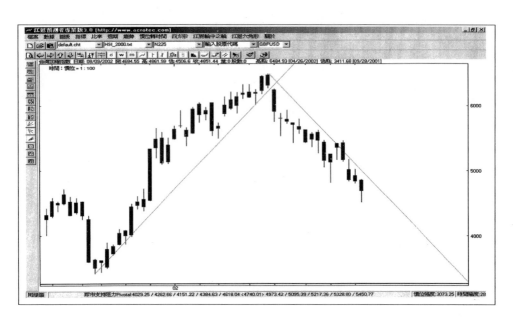

图 5-6　台湾加权指数周线图

值得留意的是，台指由高点 6484.93 以来的下跌，亦以下降
1×1 线的轨迹运行。

2. 1×1 通道

市场的趋势并非无迹可寻，细心研究之下，市场其实是根据某个时间价位比例运行的。在江恩角度线理论中，其中一个重要的江恩线分析法，正是以市场按时间价位比例的通道运行，最常用的乃是 1×1 通道及 1×2 通道。

澳元的走势乃是一个现成的例子：笔者以澳元兑美元每周运行 10 点(0.0010)的比例制作江恩线分析(图 5-7)。

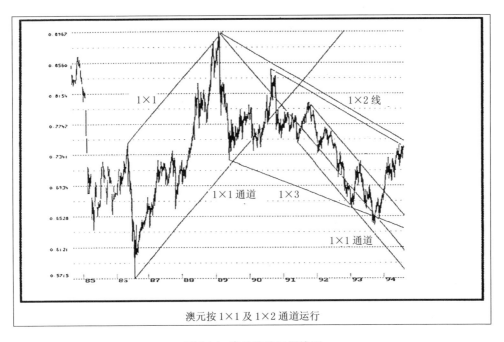

澳元按 1×1 及 1×2 通道运行

图 5-7 澳元兑美元周线图

1986 年，澳元低见 0.5715 美元，之后沿着一条中期 1×1 通道上升，最高上升至 1989 年 2 月的 0.8967，刚到达 1986 年 5 月高点延伸而上的 1×1 通道顶。之后，澳元大幅下跌，第一个支撑乃是 1×1 通道的下限，到达 1989 年 6 月的低位 0.7270。

之后，澳元进入长达 4 年的下跌浪，直至 1993 年 10 月的低位

0.6410 为止。

澳元在 1993 年 10 月见底，并非无迹可寻，若以江恩角度线分析，市况便无所遁形了。澳元由 1992 年开始下跌，在周线图上，澳元乃是沿着 1×1 线的通道下滑，其见底的点刚好是两条江恩线的交汇点，分别是：1989 年高点 0.8967 延伸而下的 1×1 线，与 1989 年低点 0.7270 延伸而下的 1×3 线。

其后，澳元上破 1×1 下降通道，到达 1×2 下降江恩线的阻力。

从恒生指数的周线图走势来看图 5-8，自 1998～2002 年，恒指大致上以两组通道运行：由 1998 年 8 月低位 6544.79 至 2000 年 3 月高位 18397.57 的上升趋势，是依随上升 1×1 通道运行，其时间与价位比例为一个星期上升 100 点。由 2000 年高位以来的调整，港股大致上以下降 3×2 通道运行，其时间价位比例是 3 星期下跌 200 点。由图 5-8 可见，恒指在 2001 年 2 月及 2002 年 5 月的反弹，大致上都受制于 3×2 通道阻力，而 2001 年 9 月低位 8894.36，则刚好跌至 3×2 通道底，引发强劲的反弹。

图 5-8　恒生指数周线图

上海证券综合指数自 1994 年 7 月低位 325.92 开始一个长达 7 年的上升趋势。从周线图的整体趋势来看，上证指数大致上沿着一组上升 3×1 通道而行(图 5-9)。

自 1997 年 5 月 13 日高位 1501.25 在 3×1 线下见顶后，此通道基本上已确立，而这条通道亦让我们警觉 2001 年大顶的危机。

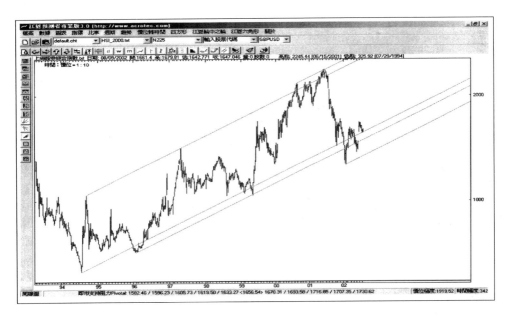

图 5-9 上海证券综合指数周线图

3. 江恩扇形线

江恩角度线理论认为，由一个市场重要高点或低点延伸出众多角度线，例如：1×1，1×2，2×1，1×3，3×1 等，而这些角度线所组成的，成为江恩的扇形线(Gann's Fan Line)。

马克期货于 1992 年 9 月 2 日的 0.7196 美元见历史性高峰后出现大幅下跌。若由 0.7196 开始，以每一个交易日下跌 10 点 (0.0010) 的幅度制成下降江恩角度线，则每次马克的反弹都在江恩线上遇到重大阻力，其阻力线分别为 1×2 线、1×3 线、1×4 线以及 1×8 线，见图 5-10。

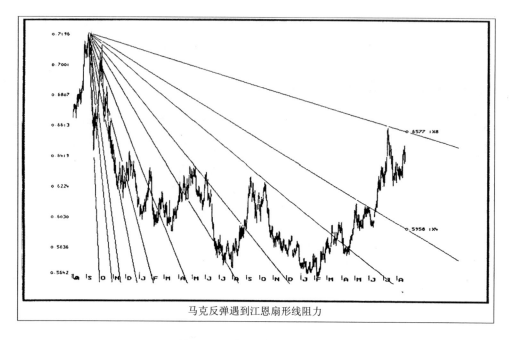

马克反弹遇到江恩扇形线阻力

图 5-10 美国马克期货日线图

以上海证券综合指数的江恩扇形线分析，我们可以按时间价位比例，1 星期下跌 10 点为下降 1×1 线，并按相应比例计算其他主要角度线，从而制作出江恩扇形线。由 2001 年 6 月的高点 2245.44 起计，上证指数的几个主要反弹都在扇形线上遇到强大的阻力。包括：

（1）2001 年 12 月高位 1776.02 在下降 1×2 线上遇到阻力；

（2）2002 年 3 月高位 1693.87 在下降 2×3 线上遇到阻力；

（3）2002 年 6 月高位 1748.89 在下降 1×1 线上遇到阻力。

此外，大家亦应留意，由 2002 年 1 月低位 1642.77 延伸而上的 1×1 线，成为 6 月调整的支撑线。

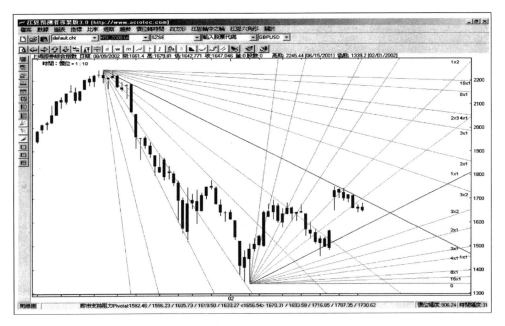

图 5-11　上海证券综合指数周线图

4. 由零开始的江恩线

　　江恩线的起点，一般是以市场重要的顶部与底部开始制作，但对于一些长期的走势而言，由零开始的江恩线往往起着决定性的影响。换言之，长期江恩线起始点的重要性不在于由什么价位计算，而在于由什么时间开始。

　　以金市为例，众所周知，1979～1980 年是黄金价格的大升市，其疯狂程度至今仍为人所谈论。该次黄金大牛市始于 1976 年 8 月，当时美国纽约期金最低每安士报 101 美元，之后 3 年半，纽约期金最高上升至 1980 年 1 月的 873 美元，升幅 8.6 倍。完成牛市阶段后，金价一蹶不振，辗转下跌，1985 年最低仅报 281 美元，下跌67.8％（图 5-12）。

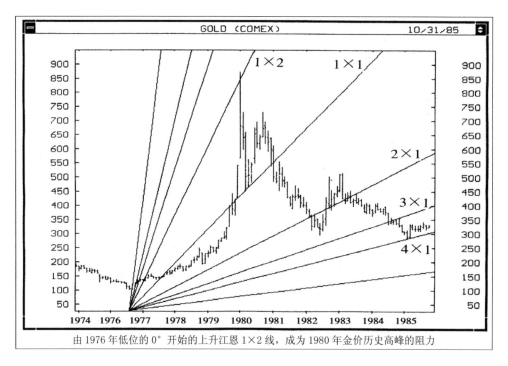

由 1976 年低位的 0° 开始的上升江恩 1×2 线，成为 1980 年金价历史高峰的阻力

图 5-12　金价月线图

金价于 1980 年高见 873 美元，参与该次升市的炒家群中流行一句谚语："天空才是升市的极限(Sky is the limit)。"事实上，金价的极限并非在天空之上，问题是投资者能否掌握到正确的分析方法而已。

以江恩角度线分析，若以每月代表 10 美元的比例制作江恩线，由牛市的起点 1976 年 8 月的 0° 开始计算，则 1980 年的金价大顶刚好到达 1×2 线的阻力，成为金价的极限。

其后，金价进入大幅的下跌潮，利用江恩角度线亦可清楚分析到每次几个市场的低点。

(1) 金价于 1980 年 1 月的 873 美元见底后，于 3 个月内下跌至 453 美元的水平，下跌 48%，技术上刚好到达 1×1 线的支撑。其后半年，金价反弹回 729 美元才跌破 1×1 线，进入长期的熊市之中。

(2) 金价在 1980 年后反复下跌，于 1985 年 2 月低见 281 美元，技术上刚好到达 1976 年 8 月 0°以来的 4×1 江恩线水平。

由上面的例子可见，以 0°为起点的江恩线，对于长期市况有着极其精确的测市能力。

美国主要股市指数标准普尔 500 指数于 2000 年 3 月的 1552.87 见大顶，之后两年反复下跌达 50%，谁能够预测牛市的终结，谁就是股市大赢家。回顾那次美股超级大牛市，如果读者拥有江恩的长线观点，这次牛市的结束或许早已心中有数(图 5-13)。

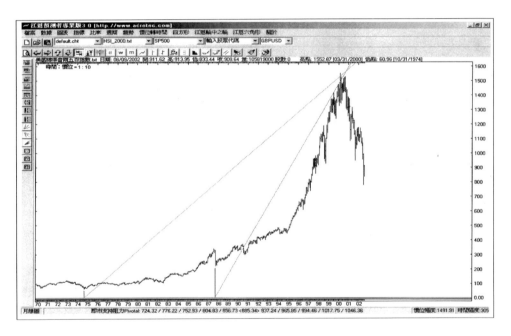

图 5-13　标准普尔 500 指数月线图

标普 500 指数月线图上，过去 30 年有两个主要大底，第一个是 1974 年 10 月低位 60.96，是 20 世纪 70 年代石油危机时的股市最低水平。第二个大底是 1987 年 10 月股灾的低点 216.46。若我们由 1974 年 10 月的 0°制作一条上升 2×1 线，以 2 个月上升 10 点为时间价位比例；另外由 1987 年 10 月时的 0°制作一条上升 1×1 线，以 1 个月上升 10 点，两条线的交汇点在 2000 年 10 月，而价位在 1566。

实际上，美股由 2000 年 10 月才开始大幅下跌，而交汇点 1566 与实际高位 1552.87 只差 15 点。

5. 江恩线汇合的力量

每一个市场都有其重要的底部及顶部，如果两者开始应用江恩角度线分析市场走势的话，两组江恩扇形线便不可避免地互相交叠而成一个市场的"天罗地网"。事实上，市场的走势在这个"天罗地网"中穿插，引发市势的波动。

在应用上述分析时，除了江恩线的支撑及阻力的应用外，两线相交的力量不容忽视。在很多时候，上升江恩线与下跌江恩线相交所引发的力量，经常有力扭转市势的方向。

以黄金的走势来看，我们可以制作两组江恩扇形线，一组由 1976 年 8 月历史性低点的 0°起计，另一组则由 1980 年 1 月的 873 美元起计。自 1980 年 1 月金价见顶以来，金价沿着下降 1×2 江恩线下跌，至 1982 年 6 月的 294 美元才展开反弹，其反弹的高点乃在 1983 年 2 月，刚受制于下降 1×1 线，之后金价大幅下跌，跌至 1985 年 2 月底部 281 美元，亦为 20 世纪 80 年代金价最低的水平。

在 1985 年 2 月，神奇的事件发生，金价由 281 美元见底回升，升至 1987 年 12 月的高点 502 美元，上升 78.6%，成为金价 20 世纪 80 年代的中兴时期。金价大幅反弹，原因是 1985 年 2 月在 280 美元水平，上升的 4×1 江恩线与下降的 1×1 江恩线相交，成为未来 3 年的升市引发点。

就上升及下降江恩线相交的重要性而言，笔者有以下的等级划分：

(1) 1×1 与 1×1 相交；

(2) 1×2 与 2×1 相交；

(3) 1×3 与 3×1 相交；

(4) 1×4 与 4×1 相交；

(5) 1×1 与 1×2 或 2×1 相交；

(6) 1×1 与 1×3 或 3×1 相交；

(7) 1×1 与 1×4 或 4×1 相交；

(8) 1×2 与 1×4 或 4×1 相交。

在应用上面"两线相交"的方法以预测市场转势时，事实上可做以下三方面的应用：

(1) 预测时间与价位的转折点；

(2) 预测时间的转折点；

(3) 预测价位的转折点。

上面第一种预测时间与价位转折点的例子可用 1985 年 2 月 281 美元为例子。

预测时间转折点可用 1983 年 1 月高点 511 美元的时间转折点为例子。

至于预测价位转折点的例子可用 280 美元及 500 美元的支撑及阻力作为例子(图 5-14)。

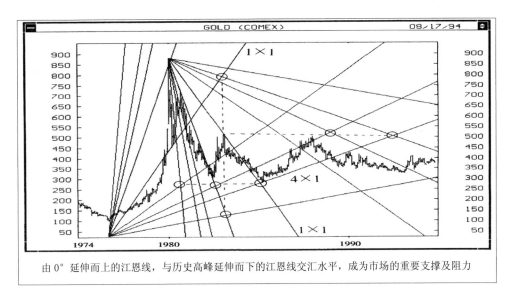

由 0°延伸而上的江恩线，与历史高峰延伸而下的江恩线交汇水平，成为市场的重要支撑及阻力

图 5-14　金价月线图

6. 时间价位计算器

理念上，市场两度空间的发展，包括时间及价位，两者都存在着循环的运动，其循环按江恩的 36、52、90、144 等时间及价位单位完成运行，若按江恩的分割比率划分时间及价位的循环，各自分为 8 份儿及 3 份儿，一个完整的市场循环便可分为 64 个与 9 个时间价位的单位，或者可说是 64 个与 9 个市场情境。

在这个时间价位正方形之上，加上江恩角度线，则市场在这个循环之中，时间价位的支撑、阻力位将无所遁形，对于这个分析方法，江恩称之为"时间价位计算器"（Time & Price Calculator）。

江恩指出，当市场到达某个时间及价位时，市场便会出现重要的支撑及阻力(图 5-15)。

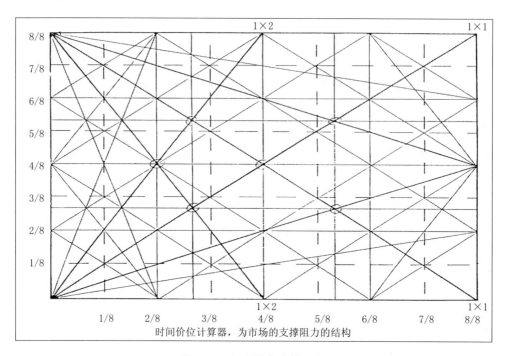

时间价位计算器，为市场的支撑阻力的结构

图 5-15　江恩线与支撑阻力

(1) 在八八六十四的时间价位正方形之上，可画出两条对角线，乃是上升 1×1 线，及向下 1×1 线，其相汇点为正方形的中心。这个中心乃是时间及价位的 50%幅度，支撑及阻力最大。

（2）在时间价位的正方形上，绘画上升 2×1 及下跌 2×1 线，若与纵横线相交，对市场亦产生重要的支撑及阻力。

（3）在时间价位的正方形上，绘画上升 1×2 及下跌 1×2 线，其与纵横线的相交点亦为市场的重要支撑及阻力。

这图表之上，有几个重要时间及价位必须留意。

第一，沿着向上 1×1 线，重要的支撑及阻力在时间及价位运行至四方形的 $\frac{1}{3}$，$\frac{1}{2}$ 及 $\frac{2}{3}$。

第二，沿着向下 1×1 线，重要的支撑及阻力在四方形的：

（1）时间 $\frac{1}{3}$，价位 $\frac{2}{3}$；

（2）时间 $\frac{1}{2}$，价位 $\frac{1}{2}$；

（3）时间 $\frac{2}{3}$，价位 $\frac{1}{3}$。

第三，沿着向上及向下 1×2 线，重要支撑及阻力在四方形的时间 $\frac{1}{4}$，价位 $\frac{1}{2}$。

第四，沿着向上及向下 2×1 线，重要支撑及阻力在四方形的时间 88 及价位 $\frac{1}{2}$ 水平。

从上面的时间价位计算器，分析者便可以得知当市场到达某个时间及价位时，市场便会出现支撑或阻力。

一个市场，有升市，有跌市；而同一个市场内，有买家，有卖家；一幅市场的走势图表上，有时间及价位。

买家与卖家的力量较量，结果出现市场的升跌；市场的价位与时间活动的比较，结果出现市场的动量。

江恩时间价位计算器的启示，在于市场是根据八八六十四的时间价位正方形运行，若配合波浪理论分析，笔者发觉所产生的效果非常和谐。

(1) 波浪理论认为，在一个循环里面，顺流 5 个浪，逆流 3 个浪，两者相加，便是 8 个浪。

(2) 以时间角度分析，在一个循环之中，升市有 5 段时间，跌市有 3 段时间，合计 8 段时间。

(3) 从价位角度观察，升市有 3 个阻力位(1、3 及 5 浪)，有两个支撑位(2 及 4 浪)；跌市则有一个阻力位(b 浪)，两个支撑位(a 浪及 c 浪)。换言之，亦即 8 个重要的价位水平(图 5-16)。

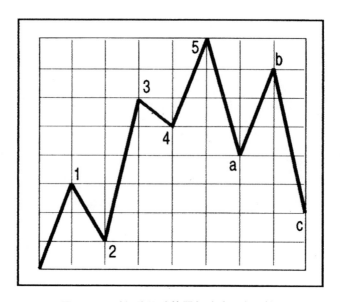

图 5-16　时间价位计算器与波浪形态比较图

换言之，整个波浪形态的推动浪及调整浪，皆在八八六十四的时间及价位正方形的架构内运行。掌握市场的时间及价位结构，关键在于寻找到适当的时间与价位之间的单位比率。

香港恒生指数由 1969 年 11 月 24 日开始发布，第一天的指数为 158.50，而恒指历史性的低位在 1969 年 12 月 5 日低位 147.33。

若我们由恒指的历史性低位 1969 年 12 月的 147.33 起，制作一个江恩 360 时间价位计算器，恒指完成 360 个月的时间是 2000 年 1 月，而恒指完成计算器一半高度的价位在 18147。

实际上，恒指在 2000 年 3 月 28 日的 18397.57 见顶回落，十分接近上述计算出来的时间价位汇合点。若以计算器的角度来看，恒指在 1997 年及 2000 年的顶部都在上升 2×1 江恩线上遇到重大阻力而进入熊市。

由上面来看，2000 年 3 月的主要顶部，从江恩理论的角度来看，大致上满足了时间周期、价位波动规则及角度的要求（图 5-17）。

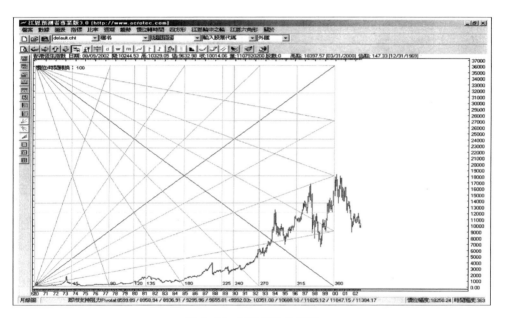

图 5-17　恒生指数月线图

7. 江恩角度线与时间周期

以阳历来计，每一天地球自转 360 度，或围绕太阳运行 $1/360°$ 的时间，换言之，时间乃是行星周期的分数。江恩的市场时间周期，亦可看为地球围绕太阳一周的角度，例如 $\frac{1}{2}(180°)$、$\frac{1}{4}(90°)$，或 $\frac{1}{8}(45°)$。

假设地球围绕太阳运行了 14 周，所运行的时间约为 90 天，以江恩的 1×1 角度线来看，亦即表示市场运行了 90 个价格单位。若以外汇市场的单位比例来看，则表示市场价位运行了 900 点，900 点的幅度将为市场的重要反作用水平。

依次类推，地球与太阳运行之间的角度，与时间价位的关系如下(图 5-18)：

角度 / 度	时间 / 天	价位 / 点	角度 / 度	时间 / 天	价位 / 点
45	45	450	225	225	2250
90	90	900	270	270	2700
135	135	1350	315	315	3150
180	180	1800	360	360	3600

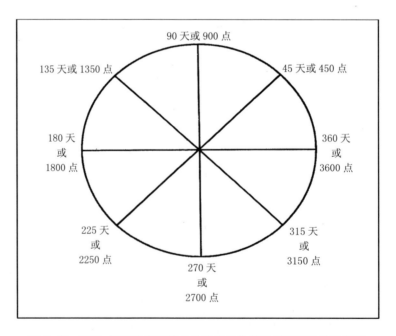

图 5-18　360° 循环的角度转化为市场的次级时间循环及价位循环

从图 5-19 的美元兑马克日线图来看，180° 成为最重要的水平，其观察如下：

（1）由 1992 年 9 月 2 日 1.3860 马克底部至 1993 年 4 月 26 日的 1.5640 马克底部，共相距 1780 点，与 1800 只相差 20 点。

（2）由 1.5640 马克底部至 1993 年 8 月 2 日 1.7485 马克，幅度为 1845 点，与 1800 只相差 45 点。

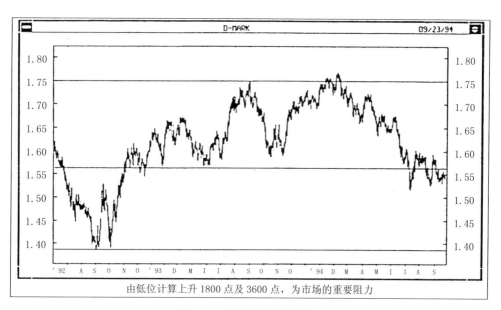

由低位计算上升 1800 点及 3600 点，为市场的重要阻力

图 5-19　美元兑马克月线图

以深圳证券综合指数分析，深指在 2001 年 6 月 14 日于 665.57 见顶部，之后进入一次调整，第一个低位在 2001 年 10 月的 438.0，差不多由高位下跌 225 点，即 360 的 $\frac{5}{8}$，第二个低位在 2002 年 1 月 23 日的低位 366.84，即由高点下跌 300 点，即 360 的 $\frac{5}{6}$。

之后，深圳指数的第一个反弹在 2002 年 3 月 21 日高点 489.67，十分接近由高位 665.57 下跌 180 点的水平，即 360 的 $\frac{1}{2}$（图 5-20）。

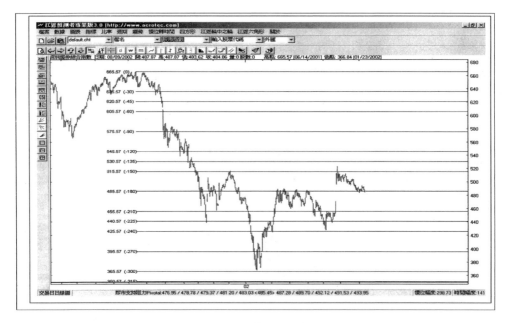

图 5-20　深圳证券综合指数日线图

其后,深指调整至 2002 年 6 月 7 日的低位 444.7,差不多下跌至由高位 665.57 下跌 240 点的水平,即 360 的 $\frac{2}{3}$。

在过去 10 多年以来,英镑走势大上大落,但从江恩的时间价位理论剖释,英镑的走势却充分体现时间价位平衡的市场作用。

英镑由 1980～1994 年,出现两个时间价位四方形,这两个四方形以 1 个月代表 100 点为比例,这两个四方形分别为:

(1) 142 四方形—英镑由 1980 年 2.4485 下跌至 1985 年 1.0345,共下跌 1.4140 美元,若由 1980 年的高峰 2.4485 计算 142 个月,时间为 1992 年 9 月,而英镑刚好在 2.01 美元出现大转势,脱缰下跌至 1.40 美元水平(图 5-21)。

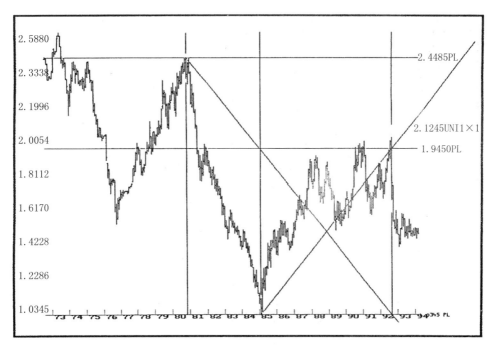

图 5-21　91 及 142 四方形，引发英镑见顶下跌

　　此外，英镑由 2.4485 下跌至 1.0345，共下跌 1.4140 美元，
1.414 刚好为 2 的平方根。英镑由 1985 年 1.0345 美元开始反弹，
如果反弹的比率是 1.4140 美元的半平方根，即 0.707，目标为
2.0342，与 1992 年 9 月高位 2.0100 只相差 242 点。

　　(2) 91 四方形——英镑由 1985 年 1.0345 至 1992 年 9 月 2.0100
美元，共上升 91 个月，若英镑 1.0345 上升 9100 点，目标为
1.9445，与 2.0100 的高位十分接近，当时间与价位都出现平衡时，
英镑便见顶回落。

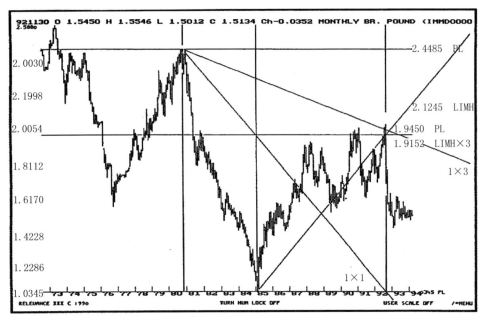

图 5-22　1×1 线与 1×3 线于 1992 年第四季相交，引发英镑暴跌

英镑由 1980 年高峰 2.4485 以来的走势，可以用两个时间价位四方形完全加以解释，但若以江恩角度线来剖释的话，问题便显得异常简单(图 5-22)。

(1) 由 1980 年 11 月的高峰 2.4485 美元起，若向下延伸一条 1×1 江恩线的话，至 1985 年低位 1.0345 美元水平的时间，刚好为 1992 年 9 月，亦即英镑见 2.0100 后大跌之时。

(2) 由 1985 年 2 月低位 1.0345 美元起，延伸一条上升 1×1 江恩线的话，至 1992 年 9 月刚运行了 90 个月，即 30 年循环的 $\frac{1}{4}$，乃重要的时间循环，引发英镑见顶回落。

(3) 江恩特别指出，3×1 江恩线对于周线图及月线图的分析极为重要，在英镑亦得到体现。由 1980 年 11 月 2.4485 美元起，若延伸一条向下的江恩 3×1 线，至 1992 年 9 月，便刚到达 1.98 的水平，成为英镑的重要阻力，英镑亦在 3×1 线之上出现大转势，见顶回落。

(4) 由 1980 年 11 月 2.4485 延伸而下的 3×1 线与 1985 年 2 月 1.0345 延伸而上的 1×1 线，在 1992 年 10 月相交，成为英镑暴跌的引发点。

上面 4 点江恩角度线的分析，都指向英镑在 1992 年 9 月转势回落。

以上海证券综合指数来看，该指数于 1994 年 7 月 29 日低见 325.92，之后，上海指数展开长达 7 年的牛市。若由 1994 年 7 月低位开始，以每星期相当 10 点的比例制作 1 个江恩 360 时间价位计算器，我们可以见到，上海指数在计算器内的下降 2×1 线下见顶回落，见图 5-23。

若将 144 时间价位计算器应用在上海证券综合指数于 2001 年 6 月 14 日高位 2245.44，可参看图 5-24。应用在 2002 年 1 月 29 日低位 1339.20，可参看图 5-25。

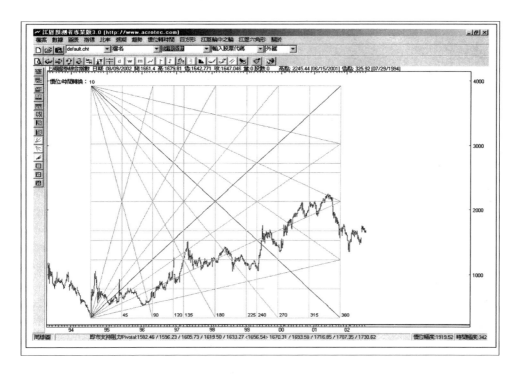

图 5-23　上海证券综合指数周线图

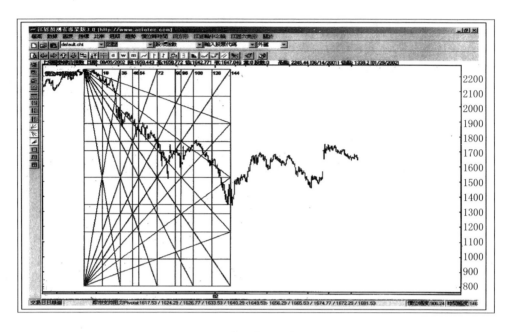

图 5-24   上海证券综合指数日线图

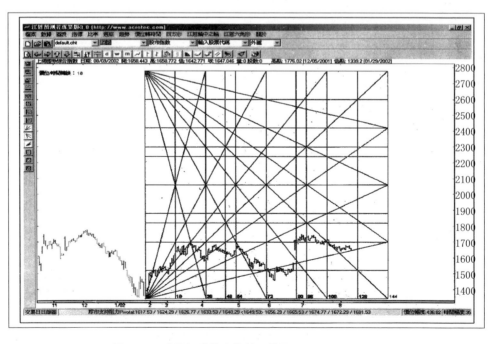

图 5-25   上海证券综合指数日线图(2002.1～2002.8)

第六章

几何与周期

利用圆形中的四方形及三角形位置,我们可以决定市场的时间、价位及空间阻力。

——威廉·江恩

一、何为江恩几何学

一代宗师江恩对于市场走势分析，有一套独特的理解，他认为，在世间只有数学可以永垂不朽，数学可以揭示真理，解决所有的问题。

对于市场的走势，江恩的理解十分简单，不是涨便是落，而我们所生活的世界，则只有三度空间：长、宽和高。在掌握市场的各个时间及价位之间的关系上，他认为只有 3 种关系：

(1) 圆形；

(2) 四方形；

(3) 三角形。

市场的时间及价位，江恩使用 360° 的圆形予以量度，而对于特定的市场时间、价位及空间的支撑及阻力位，江恩会使用一个圆形内的四方形及三角形来计算(图 6-1)。

关于市场的时间及价位之间的关系，江恩指出，只有 3 种角度：垂直、水平及对角。这 3 种角度主宰了市场的走势。

最后一点，亦令江恩理论的学习者大惑不解，就是江恩指出："我们使用数字的单数及双数的平方(Square)，不单用以证明市场的活动，更借此揭示市场波动的原因。"江恩的这番话，可圈可点，**内里已隐藏江恩市场分析的秘密。**

江恩的市场几何学以圆形、三角及四方形为主，**一切市场的走势都离不开上面三者的规范。**

江恩将一个圆形 360° 看为市场的时间及价位的循环，而三角及四方形则在其中产生作用。

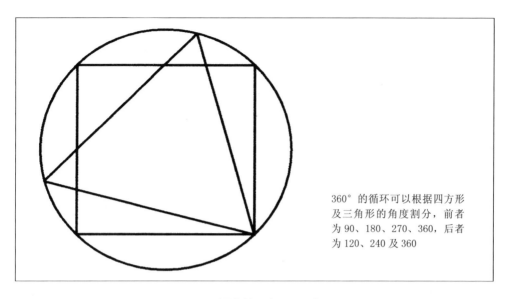

360°的循环可以根据四方形及三角形的角度割分，前者为 90、180、270、360，后者为 120、240 及 360

图 6-1 圆内的四方形及三角形

若该市场是受制于三角形的话，则其影响会根据圆形的 $\frac{1}{3}$、$\frac{2}{3}$ 及 $\frac{3}{3}$ 而产生。

（1）价位方面：市场会在运行至 120、240 及 360 的倍数时遇到支撑或阻力。

（2）时间方面：市场会在运行至 120 天、240 天及 360 天时出现回吐或反弹。

在计算时间及价位的起点方面，价位的起点是取市场的重要顶部或底部为开始。而时间方面，则有两种方法，第一种是以市场的重要顶部或底部的时间作为起点；第二种则以春分（每年 3 月 21 日）为起始点。若以春分计算，一年之中有三段固定的时间必须小心留意。

（1）7 月 20 日（1 年的 $\frac{1}{3}$）；

（2）11 月 19 日（1 年的 $\frac{2}{3}$）；

(3) 3 月 21 日(1 年的 $\frac{3}{3}$)。

若以市场的重要顶部及底部时间作为计算的起点，120 天、240 天及 360 天都可能成为转势时间，上述日期既可指交易日，亦可指自然日(包括星期六、日及假期)。

二、江恩几何学如何应用在时间与价位上

几何图形如何影响外汇市场，1992～1993 年美元兑马克的走势有完美的反映(图 6-2)。

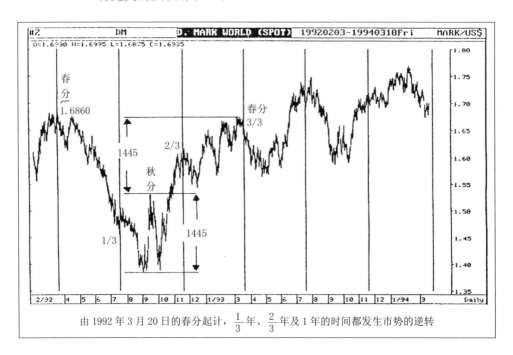

由 1992 年 3 月 20 日的春分起计，$\frac{1}{3}$ 年、$\frac{2}{3}$ 年及 1 年的时间都发生市势的逆转

图 6-2　美元兑马克日线图

1992 年 3 月 20 日(春分前一天)，美元兑马克于 1.6860 见全年的顶部，之后美元下跌半年，上升半年。以"W"形态运行，到 1993 年 3 月春分时期，又回到 1.67～1.68 马克的水平。

在这一年里面，美元的时间及价位的走势大致上出现一个镜面倒映(Mirr or Image)的走势。

在价位方面，交叉点发生在 1992 年 9 月 17 日的高位 1.5305 马克的水平上，1.5305 之下的 1455 点乃历史性低位 1.3860，1.5305 之上的 1445 点，则为 1.6750，与 1993 年春分前的价位极为接近。

在时间方面，1992 年 9 月 17 日乃是"秋分"前的第二个交易日，亦即一年的一半。换言之，1992～1993 年的走势以 50%平分。

若以三角形将该段时间划分的话，市场在特定的时间亦出现特殊的作用。

(1) 7 月 20 日($\frac{1}{3}$年)，美元在 1.4460 马克反弹，超过 500 点。

(2) 11 月 23 日($\frac{2}{3}$年之后两个交易日)，美元在 1.6160 马克进入调整，调整幅度达 600 点。

江恩理论使用三角形分析市场转折点的方法有两种。

(1) 以春分为起始点计算$\frac{1}{3}$年、$\frac{2}{3}$年及$\frac{3}{3}$年的时间，作为市场出现作用的依据。

(2) 则以市场的重要顶部或底部作为计算 120 天、240 天及 360 天的基础。

应用上面第二种方法在美元兑马克的近年走势上，笔者亦发觉甚为完美。

首先，以 1992 年 3 月 20 日的高点 1.6860 马克起计：

(1) 第一个 120 天是 1992 年 9 月 4 日，两天前是历史性低点 1.3860 马克。

(2) 第二个 120 天是 1993 年 2 月 22 日，13 个交易日后，美元于 1.6735 马克见顶回落。

(3) 第三个 120 天是 1993 年 8 月 9 日，5 个交易日前，美元于 1.7485 马克见顶回落。

(4) 第四个 120 天是 1994 年 1 月 26 日，8 个交易日后，美元于 1.7686 马克见顶回落。

事实上，若我们以 1992 年 9 月的低位起计 120、240 及 360 个交易日，我们都发现美元兑马克出现 3 个趋势中的顶部，反映江恩的时间循环以三角形分割的理论，甚有实际的市场意义(图 6-3)。

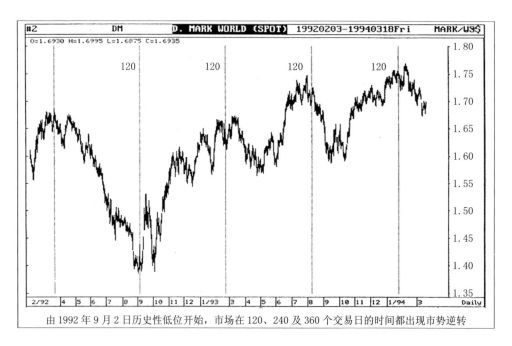

由 1992 年 9 月 2 日历史性低位开始，市场在 120、240 及 360 个交易日的时间都出现市势逆转

图 6-3　美元兑马克日线图(1992.2～1994.3)

若以江恩的理论做一引申，当 3 个 120 天的顶部先后出现后，一个完整的 360°循环便会完成，这个上升趋势亦应暂告一段落。市场的时间及价位之间的关系，由 3 种角度主宰，分别为：垂直线、水平线及对角线。垂直线为价位轴，水平线为时间轴，而对角线则为时间与价位均等 1×1 江恩线。所谓时间与价位均等(Price Square Time)，意思是指价位运行 1 个单位，时间亦运行 1 个单位，当时间及价位运行完成 1 个循环的时候，市场亦出现转势。

图 6-4 美元兑马克的走势正好作为一个活生生的例子。

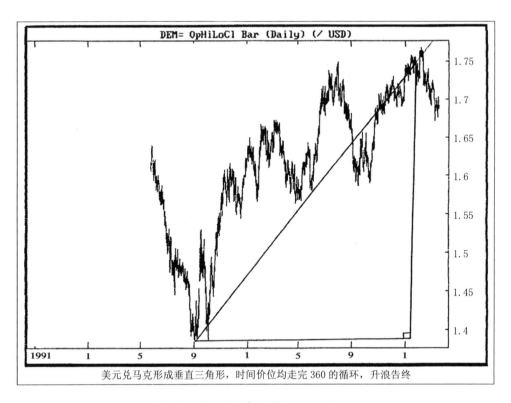

美元兑马克形成垂直三角形，时间价位均走完 360 的循环，升浪告终

图 6-4　美元兑马克日线图(1991～1993)

由 1992 年 9 月 2 日的美元兑马克历史性低位 1.3860 开始，美元进入大幅反弹期，到 1994 年 1 月 21 日，共运行 360 个交易日。价位方面，若由 1.3860 马克的低位起计，美元上升 3600 点的水平为 1.7460 马克，与 1994 年 1 月 21 日的收市价 1.7533 马克十分接近。

换言之，美元上升至 1994 年 1 月 21 日，无论时间及价位都运行了 1 个 360°的循环，美元的上升动力已尽，结果，12 个交易日后，美元兑马克由 1.7686 见顶回落，走势逐级而下。

若以几何图形来表达，上述的时间价位分析便极为简单，只要由 1.3860 开始，以一个交易日相当于 10 点的比例，画出一条对角线(即 1×1 江恩线)，时间与价位的均衡点便已出现，加上时间及价位轴，一个江恩三角形便已清楚成形。

江恩的时间与价位均等理论，在几何图表上，既可用 1 个直角三角形来表达，亦可应用 1 个四方形代表。

江恩指出，1 个圆形可用三角形及四方形予以分割，在图表走势的意义上，这是指价位及时间皆可在 360 的循环上划分。

价位方面，一个趋势可看为价位的循环，其中若以三角形等分，所得到的支撑及阻力的水平为趋势的 33.3%、66.6% 及 100%。若以四方形等分，所得到的支撑及阻力水平应为 25%、50%、75% 及 100%。

时间方面，360 个交易日或自然日(包括星期六、日及假期)皆可看为一个时间的循环。其中，若以三角形将时间的循环划分 3 份儿，则市场产生作用的时间应为趋势运行的第 120、240 及 360 个交易日(图 6-5)。

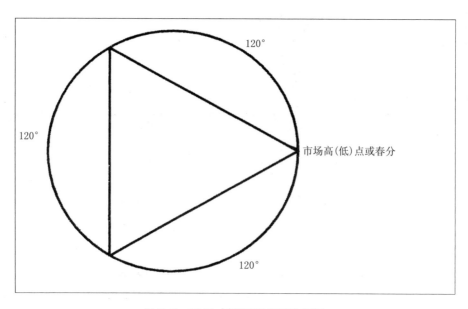

图 6-5 360° 循环以三角形分割图

若以四方形将时间的循环等分的话，则市场产生作用的时间应为趋势运行的 90、180、270 及 360 个交易日(图 6-6)。

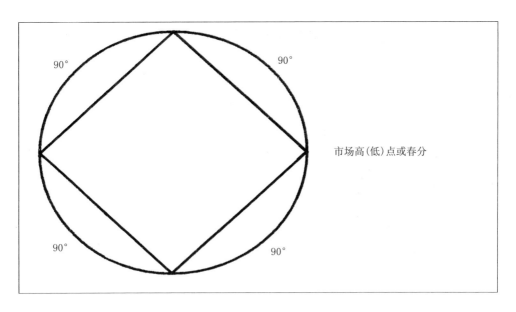

市场高(低)点或春分

图 6-6　360° 以四方形分割图

江恩的四方形理论有两种用法。

第一种：以春分为起点，将一年分为 4 份，换言之，春分、夏至、秋分及冬至皆为重要的市场可能的转折点，其时间为：

(1) 春分：每年 3 月 21 日；

(2) 夏至：每年 6 月 21 日；

(3) 秋分：每年 9 月 22 日；

(4) 冬至：每年 12 月 22 日。

第二种：以市场的重要顶部或底部起计，90 天、180 天、270 天及 360 天皆为重要的市场转折点，而所用的日数，既可为交易日，亦可为自然日。

以 1992～1994 年美元兑马克的汇价走势为例，上述第二种四方形理论亦充分得到体现(图 6-7)。

图 6-7　美元兑马克日线图(1992.4～1994.3)

　　美元兑马克的历史性低位在 1992 年 9 月 2 日的 1.3860 开始，但以时间的轨迹来看，则以 1992 年 9 月 17 日 1.5305 马克高点开始"镜面倒映"(Mirror Image)的走势，而此一高点亦甚接近 9 月 21 日的秋分时间，是一年的一半。由 1992 年 9 月 17 日开始，美元兑马克每到达 90 个交易日，皆出现市势逆转的局面。

　　(1) 90 天的时间为 1993 年 1 月 25 日；

　　(2) 180 天的时间为 1993 年 6 月 1 日；

　　(3) 270 天的时间为 1993 年 10 月 5 日；

　　(4) 360 天的时间为 1994 年 2 月 7 日。

　　1992 年 9 月 17 日的 1.5305 马克是美元升浪的第一个顶，360 个交易日后，美元上升至 1.7686 马克，完成一个时间循环，之后美元下跌过千点。

　　香港恒生指数由 2000 年 3 月 28 日起进入熊市，最低下跌至 2001 年 9 月 21 日的低位 8894.36，前后下跌差不多 360 个交易日。

若将 360 个交易日分割 4 份，我们可以看到 90 天的时间周期。由图 6-8 可见，恒指由高点计第一个 90 天是 2000 年 8 月顶部，第 180 天是中期反弹，而第 270 天亦接近中期反弹的顶部。

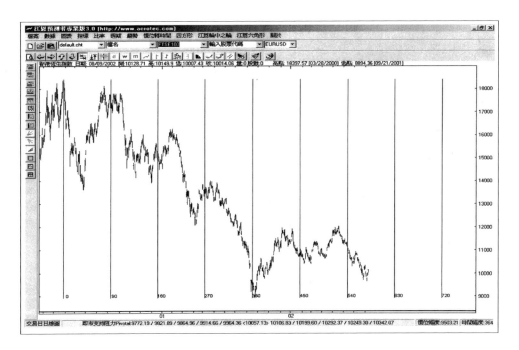

图 6-8　恒生指数日线图

第七章

江恩四方形

利用单数及双数的四方形，我们不单
得以证明市场的走势，更可知道其成因。

——威廉·江恩

一、江恩四方形制作方法

江恩的市场分析方法博大精深，而江恩线的分析乃是江恩理论中最为人所熟悉的，另一个为人所知，准确程度极高，但又甚令人费解的价位分析方法，便是江恩四方形。

江恩四方形主要用以分析价位的支撑及阻力位。制作方法十分特别。首先我们需要知道两个变数：

(1) 历史性高位或低位；

(2) 每一个价位上升或下跌的单位。以图 7-1 为例，历史性低位为 1，价位上升的单位亦为 1。

江恩四方形以历史性低位开始，以逆时针方向由右面开始，将 1 个单位加在历史性的低位上，然后围着历史性低位逐一加上去，逐渐形成一个绵绵不绝向周围扩展开来的江恩四方形。

重要的支撑阻力位乃在：

(1) 四方形的纵轴价位；

(2) 四方形的横轴价位；

(3) 四方形的两条对角线价位；

(4) 四方形的两条对角线价位。

由图 7-1 可见，由一开始，每一步加一，总共走了 6 个循环，到达 169。

145	144	143	142	141	140	139	138	137	136	135	134	133
146	101	100	99	98	97	96	95	94	93	92	91	132
147	102	65	64	63	62	61	60	59	58	57	90	131
148	103	66	37	36	35	34	33	32	31	56	89	130
149	104	67	38	17	16	15	14	13	30	55	88	129
150	105	68	39	18	5	4	3	12	29	54	87	128
151	106	69	40	19	6	1	2	11	28	53	86	127
152	107	70	41	20	7	8	9	10	27	52	85	126
153	108	71	42	21	22	23	24	25	26	51	84	125
154	109	72	43	44	45	46	47	48	49	50	83	124
155	110	73	74	75	76	77	78	79	80	81	82	123
156	111	112	113	114	115	116	117	118	119	120	121	122
157	158	159	160	161	162	163	164	165	166	167	168	169

图 7-1 江恩四方形图

二、江恩四方形的含义与应用

江恩四方形的意义，乃是以一个螺旋形的形态，将一个基数以逆时针方向加上去，无穷无尽。

按这个计算方法，其起点乃是一个市场的历史性顶部或底部。当我们将这个价位放在江恩四方形中央，以每一个单位延伸出来时，所延伸出来的第一周有 8 个单位，到延伸至第二周时，所加上去的单位便增加至 16 个单位，第三周时则延伸至 24 个单位，依此类推。

换言之，江恩四方形所计算的市场支撑及阻力位，乃是以 8、16、24 个单位的数学级数分隔的。

美元兑马克的历史性低位为 1992 年 9 月 2 日的 1.3860，若将此价位放在江恩四方形的中央，以 10 点(0.0010)为增长的单位，则四方形运行 1 周，价位便增长 80 点，亦即 1.3940，第二周的价位水平则为 1.4100，依此类推。

换句话说，江恩四方形的意义，是认为市场运行的支撑及阻力位，乃相隔 80 点、160 点、240 点、320 点，依此类推。

此外，江恩亦将四方形每一周分隔 8 份，从而计算低一级的支撑及阻力位。例如：当市场运行了 1440 点的幅度，表示市场运行了 18 周，将 1440 分成 8 份，每个支撑及阻力位将相隔 180 点。

笔者根据江恩四方形的分析方法，以计算美元兑马克的重要支撑及阻力位，见图 7-2。

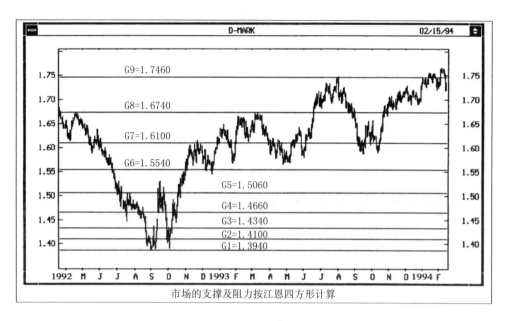

市场的支撑及阻力按江恩四方形计算

图 7-2　美元兑马克日线图

从美元兑马克于 1992 年 9 月 2 日的历史性低位 1.3860 起计，至 1994 年 2 月 8 日高点 1.7686，美元兑马克的升浪共运行至第十个循环，其阻力依次为：

G1：1.3860+0.0080=1.3940

G2：1.3940+0.0160=1.4100

G3：1.4100+0.0240=1.4340

G4：1.4340+0.0320=1.4660

G5：1.4660+0.0400=1.5060

G6：1.5060+0.0480=1.5540

G7：1.5540+0.0560=1.6100

G8：1.6100+0.0640=1.6740

G9：1.6740+0.0720=1.7460

G10：1.7460+0.0800=1.8360

从图 7-2 可见，江恩四方形的 G7、G8 及 G9 对市场有着重大的影响，依次为：

(1) G7 的 1.6100 是 1992 年 11 月的重要阻力位。

(2) G8 的 1.6740 是 1993 年 3 月的重要阻力位。

(3) G9 的 1.7460 是 1993 年 8 月的重要阻力位。

讨论过江恩四方形分析支撑阻力位的方法，现试以美元兑马克的汇价为例，检讨江恩四方形的准确性(图 7-3)。

首先，笔者的两个前提是：

(1)以 1991 年 2 月 12 日历史性低位 1.4430 马克为四方形中心。

(2)以每一叠进单位为 100 点。

图 7-3 是美元兑马克汇价走了 4 个循环的江恩四方形，由 1.4430 至最高 2.2430。从图中大家可见几个重要的汇价高低点。

(1) 纵轴第四个循环的 2.0430，与 1989 年 6 月 15 日的高位 2.0480 只相差 50 点。

(2) 右上角对角线第二个循环的 1.5630，与 1988 年 1 月 4 日的低位 1.5620 只差 10 点。

(3) 横轴第三循环 1.8330，与过去高峰 1991 年 7 月 5 日的 1.8430 高位只差 100 点。

(4) 左下角对角线第一个循环的 1.5030，与 1992 年最低位 1 月 8 日的 1.5025，只相差 5 点。

(5) 1992 年顶位 3 月 20 日 1.6860，与江恩四方形的右下角对角线第二个循环的阻力位 1.6830 只相差 30 点。

(6) 若看远一点儿(不在附图内)，横轴第 7 个循环的阻力位为 3.4730，与美元自由浮动以来最高价 1985 年 2 月 26 日的 3.4665，只差 65 点。

2.0830	2.0730	2.0630	2.0530	2.0430	2.0330	2.0230	2.0130	2.0030
2.0930	1.8030	1.7930	1.7830	1.7730	1.7630	1.7530	1.7430	1.9930
2.1030	1.8130	1.6030	1.5930	1.5830	1.5730	1.5630	1.7330	1.9830
2.1130	1.8230	1.6130	1.4830	1.4730	1.4630	1.5530	1.7230	1.9730
2.1230	1.8330	1.6230	1.4930	1.4430	1.4530	1.5430	1.7130	1.9630
2.1330	1.8430	1.6330	1.5030	1.5130	1.5230	1.5330	1.7030	1.9530
2.1430	1.8530	1.6430	1.6530	1.6630	1.6730	1.6830	1.6930	1.9430
2.1530	1.8630	1.8730	1.8830	1.8930	1.9030	1.9130	1.9230	1.9330
2.1630	2.1730	2.1830	2.1930	2.2030	2.2130	2.2230	2.2330	2.2430

美元兑马克的江恩四方形。由1991年2月11日重要低位1.4430开始，以每单位0.0100螺旋形扩展

图 7-3　美元兑马克的江恩四方形

以香港恒生指数为例，恒指于1995年1月23日低位6890开始，展开中期升浪，我们可以输入以下数据：

(1) 市场：香港恒生指数；

(2) 起点：6890；

(3) 步伐：每格升100点。

由图7-4及图7-5可见，在江恩四方形的对角线上，出现了恒指的几个主要浪顶阻力位。

另外，从图7-6及图7-7可见，在江恩四方形的垂直及水平线上，出现了恒指的几个主要浪底的支撑位。

江恩四方形亦可用做时间转折点的预测。在江恩时间四方形上，我们输入以下数据：

(1) 市场：香港恒生指数；

(2) 起点：1/23/95；

(3) 单位：1(即一个时间单位)；

(4) 时段：W(即星期)。

由图7-5及图7-8可见，江恩时间四方形上亦出现浪顶的转折点时间。

由图 7-7 及图 7-9 则见到，江恩时间四方形上出现浪底的转折点时间。

21290	21190	21090	20990	20890	20790	20690	20590	20490	20390	20290	20190	20090
21390	16890	16790	16690	16590	16490	16390	16290	16190	16090	15990	15890	19990
21490	16990	13290	13190	13090	12990	12890	12790	12690	12590	12490	15790	19890
21590	17090	13390	10490	10390	10290	10190	10090	9990	9890	12390	15690	19790
21690	17190	13490	10590	8490	8390	8290	8190	8090	9790	12290	15590	19690
21790	17290	13590	10690	8590	7290	7190	7090	7990	9690	12190	15490	19590
21890	17390	13690	10790	8690	7390	6890	6990	7890	9590	12090	15390	19490
21990	17490	13790	10890	8790	7490	7590	7690	7790	9490	11990	15290	19390
22090	17590	13890	10990	8890	8990	9090	9190	9290	9390	11890	15190	19290
22190	17690	13990	11090	11190	11290	11390	11490	11590	11690	11790	15090	19190
22290	17790	14090	14190	14290	14390	14490	14590	14690	14790	14890	14990	19090
22390	17890	17990	18090	18190	18290	18390	18490	18590	18690	18790	18890	18990
22490	22590	22690	22790	22890	22990	23090	23190	23290	23390	23490	23590	23690

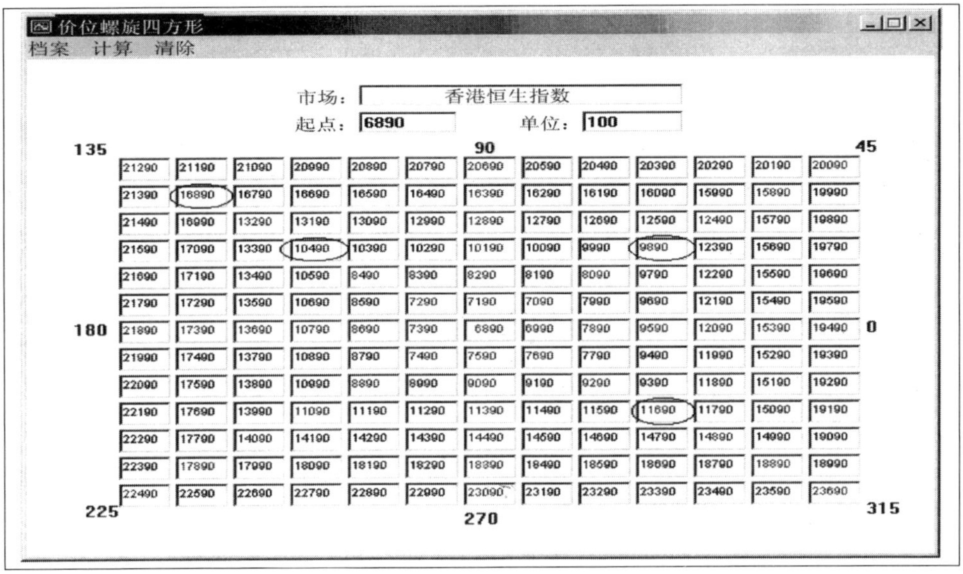

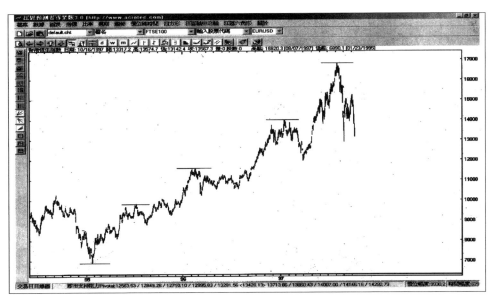

图 7-4　恒生指数的江恩四方形图

图 7-5　恒生指数日线图

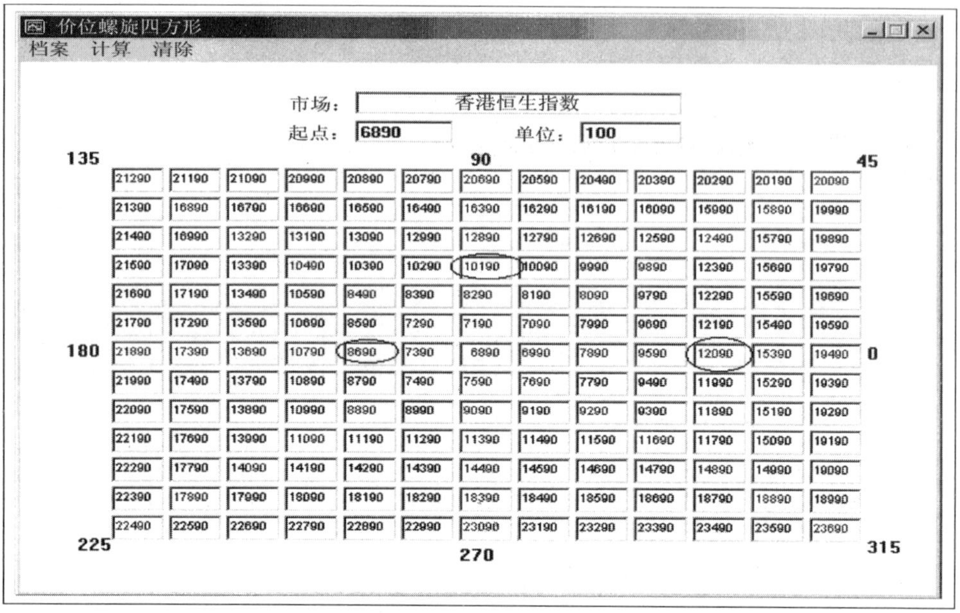

图 7-6　恒生指数的江恩四方形图

图 7-7　恒生指数日线图

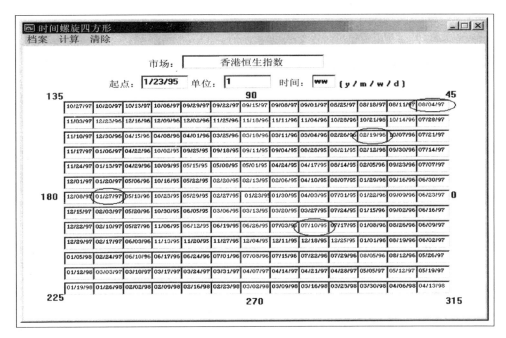

图7-8　恒生指数的江恩四方形图

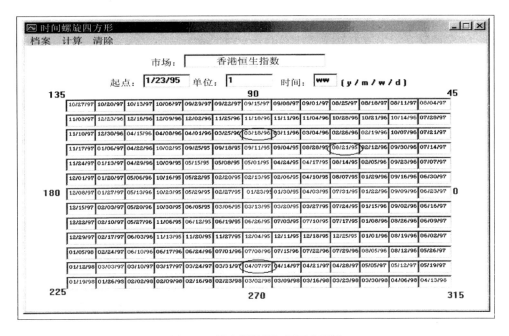

图7-9　恒生指数的江恩四方形图

三、江恩四方形与神奇数字

在本章的引题中，笔者引述了江恩的一段话："利用单数及双数的四方形，我们不单得以证明市场的走势，更可知道其成因。"究竟这话何解？江恩四方形内的数字或可告诉我们一些端倪。

江恩四方形与黄金螺旋形有异曲同工之妙，大家都是由一个中心点，以螺旋形的方式无尽地延伸开来，但所不同者，乃是江恩四方形是以等差级数(Arithmetical Progression)的方式增长，而黄金螺旋形的扩展方式，则是以对数级数(Logarithmic Progression)进行，其倍数单位为黄金比率1.618倍。

江恩四方形与黄金螺旋形为我们提供了重要的支撑及阻力位，其中一点是共通的，就是神奇数字大部分都落在江恩四方形的重要角度线上。神奇数字系列的1、2、3、5、8、13、21、34、55，前9个数字都落在江恩四方形的纵轴、横轴，或对角线上，而89及144则只稍偏离这些角度线，反映出虽然江恩四方形与黄金螺旋形的扩展方式不同，但到某些阶段，江恩四方形的对角度线上数字，会与神奇数字汇合，造成相当大的阻力(参见图7-1)。

四、江恩四方形与平方作用

江恩四方形的左下角对角线是1、9、25、49、81、121、169，其实乃是1、3、5、7、9、11、13的平方(参见图7-1)。

这条对角线为我们提供了一个市场分析的重要方程式。

(1) 若一个大上升趋势以某价位为起始点的话，那么这个上升趋势可能会在这价位的二次方上结束。

(2) 若一个大下跌趋势以某价位开始的话，那么这个下跌浪的终点可能会是该价位的平方根，参见图7-1。

对于外汇价位来说，以下是两个例子：

（1）美元兑马克于 1991 年 2 月 12 日创出低位 1.4430，与 1.4400 相差 30 点，144 本身乃是一个神奇数字，亦是 12 的平方，支撑相当大（图 7-10）。

（2）美元兑马克于 1992 年 3 月 20 日创当年高位 1.6860，与 1.6900 只相差 40 点。169 是 13 的平方，而 13 亦是一个重要的神奇数字，因此阻力相当大。

上述两个例子证明，当江恩四方形的支撑阻力位与神奇数字结合的时候，所产生出来的市场力量是相当大的。

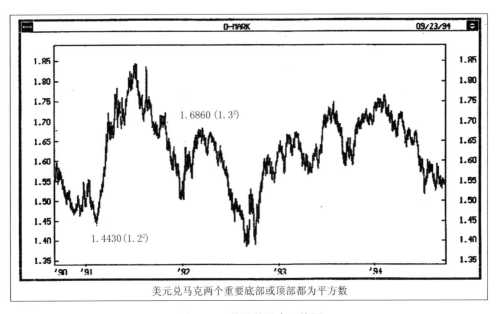

图 7-10 美元兑马克日线图

一个趋势以某价位开始，其趋势的终点往往会发生在该价位的平方根上，以下亦是美元兑马克的例子。

（1）美元兑马克于 1989 年 6 月 15 日最高见 2.0480，之后大幅下跌，最终于 1991 年 2 月 12 日的 1.4430 见底，若以 2.0480 计算见底的价位，2.0480 的平方根为 1.4310，与 1.4430，只相差 120 点（图 7-11）。

(2) 美元兑马克于 1991 年 7 月 5 日高见 1.8430，之后美元逐级而下，于 1992 年 9 月 2 日的 1.3860 马克见底，大跌 4570 点。1.8430 的平方根为 1.3575，与实际低位 1.3860 只相差 285 点。

(3) 美元兑马克的历史性高位为 1985 年 2 月 26 日 3.4665，其平方根为 1.8619，与 1991 年 7 月 5 日高位 1.8430 相差只有 189 点。

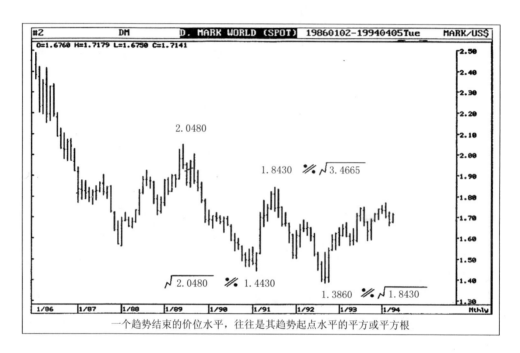

一个趋势结束的价位水平，往往是其趋势起点水平的平方或平方根

图 7-11　美元兑马克月线图

江恩四方形与平方对汇价造成重要支撑阻力，其实，例子比比皆是，以下是美元兑日元汇价的一些例子(图 7-12)。

(1) 1992 年美元兑日元在 1 月 20 日为 121.95，121 乃是 11 的平方，支撑力非常大。

(2) 美元兑日元的历史性低位为 1988 年 1 月 4 日所出现的 120.45，与 121 日元只相差 0.55 日元。

(3) 在 1949 年第二次世界大战后，美元兑日元汇价被固定为 360 日元，与 19 的平方 361 只相差 1 日元。360 日元的汇价维持了达 22 年，直至 1971 年美元兑日元开始浮动时才结束(图 7-12)。

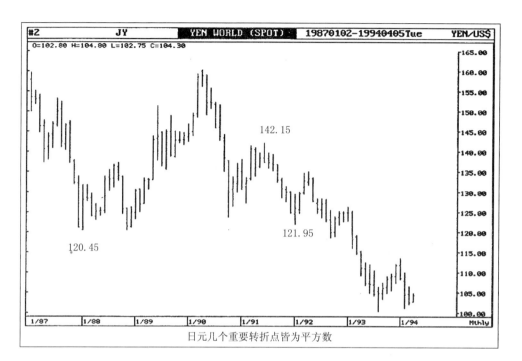

图 7-12 美元兑日元月线圆

从上面的例子，可以证明数字的平方对价位的支撑阻力作用是相当大的。

事实上，平方作用可应用于价位及时间周期上，其方法是：

(1) 由市场低点或高点，加上或减去平方数乘价位转换因子，即可计算市场未来的支撑和阻力。

(2) 由市场低点或高点的时间，加上平方数乘时间单位，即可计算市场未来的可能转折点的时间。

(3) 当价位的平方水平，与时间的平方汇合，其支撑及阻力将更具重要性。

以美元兑日元的走势为例，由 1999 年 11 月低位 101.24 起计，加每一个平方数乘以转换因子 0.1，将可计算市场的主要支撑及阻力位(图 7-13)。

　　另外，由该低位的时间起计，平方数乘星期单位亦可计算市场的几个重要转折点(图7-14)。

　　以恒生指数的周线图来看，恒指几个主要转折点都与平方时序有关(图7-15)。

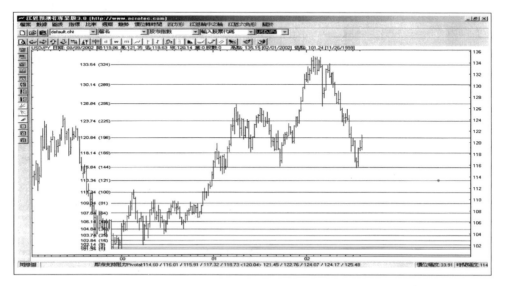

图7-13　美元兑日元周线图

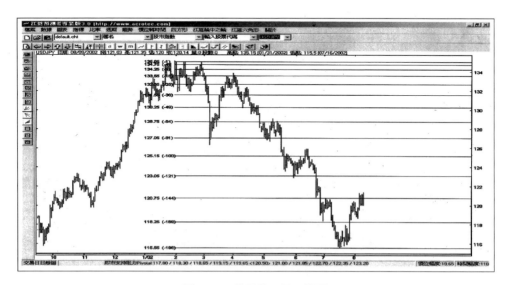

图7-14　美元兑日元日线图

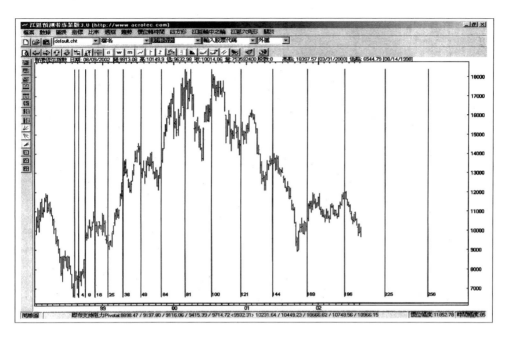

图 7-15 恒生指数周线图

五、江恩数字表

江恩的市场分析理论大量应用了数字表以量度市场的支撑及阻力，其制作方法都是由一个核心，以螺旋形方式将数字加在图表上。

事实上，江恩有另一种四方形数字表，是以垂直的形式将数字加在图表之上。例如，若所制作的是 9 之四方形的话，则第一行是由四方形底向上填上 1～9 的数字。9 个数字填写完成后，便跳到另一行的底部，再向上由 10 开始填至 18，如此直填至第 9 行，数字刚刚为 9×9 等于 81，见图 7-16。

根据江恩的原理，在这个 9 之四方形(Square of Nine)之上的数字，可作为市场的价位及时间的支撑及阻力。其中需要留意的是：

(1) 在对角线之上的数字；

(2) 四方形中线之上的数字；

(3) 中线位对角线上的数字；

(4) 四方形中心点上的数字。

江恩在这方面的图表有多种，分别为：6、9、12、19、20、27、36、52及90。江恩理论认为，每一种在市场买卖的股票期货或商品，都会根据某个数字的四方形上的支撑或阻力位运行。

江恩的四方形数字表，以数字的平方作为一个四方形的终点，但数字若延续过来，可以得到第二、第三甚至第四个四方形。在应用四方形数字表于价位的分析时，分析者可以选择与市场价位接近的四方形作为分析的起点。

江恩的"波动法则"原则认为，每一种市场中买卖的商品都有一个独特的波动率(Rate of Vibration)，这个波动率所发生的"共鸣"关系，会引发市场出现反作用，甚至趋势逆转。

9	18	27	36	45	54	63	72	81
8	17	26	35	44	53	62	71	80
7	16	25	34	43	52	61	70	79
6	15	24	33	42	51	60	69	78
5	14	23	32	41	50	59	68	77
4	13	22	31	40	49	58	67	76
3	12	21	30	39	48	57	66	75
2	11	20	29	38	47	56	65	74
1	10	19	28	37	46	55	64	73

图7-16　江恩九九八十一四方形图

因此，在选择哪一个数字的四方形作为分析的依据时，可选择该市场"波动数字"的四方形。

以下利用美元兑马克汇价走势为例，以说明上述理论。

美元兑马克的历史性低位为 1992 年 9 月 2 日的 1.3860，若将上面数字化为基数，1+3+8+6=18，而 1+8=9，因此其基数应为 9。事实上，1386 是 9 的 154 倍。

若美元兑马克的单位为 10 点，则 9 所代表的是 90 点，理论上，美元兑马克的重要支撑或阻力位水平应为 0.0090 的倍数。

根据上面的"波动数字"，我们可以选择 9 的四方形(Square of Nine)，从而计算美元兑马克的支撑及阻力点。

根据江恩的九九八十一四方形理论，可以将之应用在美元兑马克的走势之上做一分析(图 7-17)。

1.458	1.539	1.62	1.701	1.782	1.863	1.944	2.025	2.106
1.449	1.53	1.611	1.692	1.773	1.854	1.935	2.016	2.097
1.44	1.521	1.602	1.683	1.764	1.845	1.926	2.007	2.088
1.431	1.512	1.593	1.674	1.755	1.836	1.917	1.998	2.079
1.422	1.503	1.584	1.665	1.746	1.827	1.908	1.989	2.07
1.413	1.494	1.575	1.656	1.737	1.818	1.899	1.98	2.061
1.404	1.485	1.566	1.647	1.728	1.809	1.89	1.971	2.052
1.395	1.476	1.557	1.638	1.719	1.8	1.881	1.962	2.043
1.386	1.467	1.548	1.629	1.71	1.791	1.872	1.953	2.034

美元兑马克以 1.3860 开始的九九八十一四方形，其中 135°及 225°角成为市场重要阻力及支撑

图 7-17 美元兑马克九九八十一四方形表

美元兑马克的历史性低位为 1992 年 9 月 2 日的 1.3860。在九九八十一四方形的第一行底部开始，为 1.3860，之后以每 0.0090 的单位上升，共上升 0.0810 完成第一行，之后，跳至第二行的底部计算。如是者，九九八十一四方形上的数字共运行 0.7200，最

后的价位水平为 2.106。

由图 7-17 美元兑马克的九九八十一四方形可见，左上角开始的对角线上的价位为：1.4580、1.5300、1.6020、1.6740 及 1.7460 与实际的市场比较，我们发现其中 3 个数字均为美元兑马克的几个重要顶部(图 7-18)。

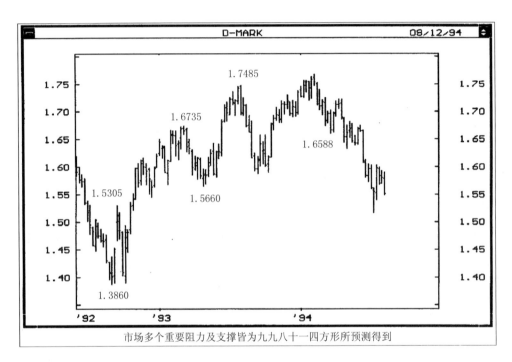

市场多个重要阻力及支撑皆为九九八十一四方形所预测得到

图 7-18　美元兑马克周线图

(1) 1992 年 9 月 17 日美元高点为 1.5305 马克；

(2) 1993 年 3 月 11 日美元高点为 1.6735 马克；

(3) 1993 年 8 月 2 日美元高点为 1.7485 马克。

此外，由四方形左下角延伸上来的对角线上，数字为 1.3860、1.4760、1.5660 及 1.656。

上述数字中，1.5660 及 1.6560 均为美元兑马克的重要支撑：

(1) 1993 年 4 月 26 日美元低位为 1.5640 马克；

(2) 1994 年 3 月 25 日美元低位为 1.6588 马克。

　　上海证券综合指数于 2001 年 6 月 14 日的 2245 见中期顶部，
之后，上证指数出现调整，利用九九八十一四方形计算上证指数的
时间周期转折点，有以下观察(图 7-19)。

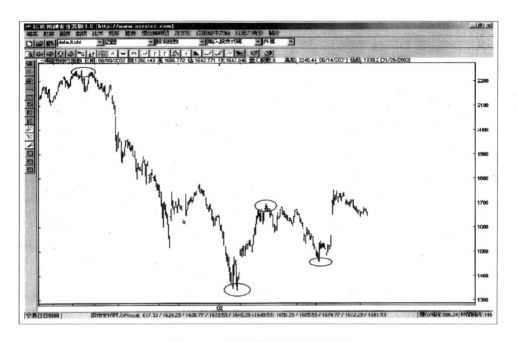

图 7-19　上海证券综合指数日线图

　　以 2001 年 6 月 14 日置于九九八十一四方形的左下角开始，每
一格单位为 1 星期，至 2002 年 12 月 26 日将走完一个九九八十一
四方形，亦即 81 个星期(图 7-20)。

　　由图 7-20 可见，上证指数的跌浪低点的一周是 2002 年 1 月
24 日，在左上角的对角线之上。四方形中心为 2002 年 3 月 21 日，
刚好是反弹的高点，而右上角对角线上的 2002 年 5 月 30 日，则为
5 月份第二个低点的时间转折点。

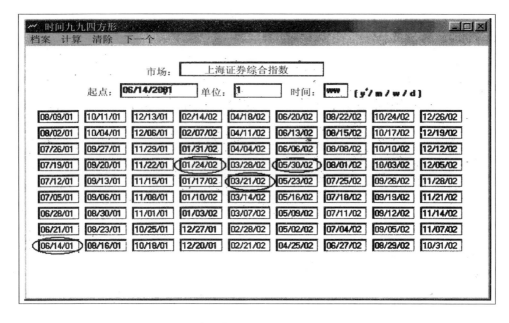

图 7-20 上海证券综合指数九九八十一四方形图

第八章

江恩六角形

历史重复发生，利用图表及法则，我们可以决定历史如何重复发生。

——威廉·江恩

一、江恩六角形的结构

在江恩的众多分析方法之中，他应用大量多边形以分析时间及价位周期，其中被广泛应用的是江恩四方形，江恩亦称之为9的四方形。"9"之四方形的意思是，以1为中心，然后以逆时针方向围绕中心延续2～9。从另一个角度来看，"9"之四方形乃是将一个圆周分割为8份或8个角度，每个角度为45°。而较少为人所谈论及应用的，乃是江恩六角形时间价位图表。这个六角形的应用方法甚为神秘，但基本原理与江恩四方形一样。

江恩六角形将一个360°的圆形分割为6份或6个角度，每个角度为60°（图8-1）。若以一个360个月的市场时间周期来看，江恩六角形所界定的市场循环周期乃是60个月、120个月、180个月、240个月、300个月及360个月，亦即5年、10年、15年、20年、25年及30年。如图8-1，若以一年的周期来看，市场的短线周期分别为60天、120天、180天、240天、300天及360天。若以一天的周期来看，市场的即市循环周期，分别为4小时、8小时、12小时、18小时、20小时及24小时。

江恩六角形的结构是由1开始，以逆时针的螺旋形方法将数字顺延开来，无穷无尽。

六角形数字延伸的方式如下：

第一个循环：由1～6，周期增加6；

第二个循环：由7～18，周期增加12；

第三个循环：由19～36，周期增加18；

第四个循环：由37～60；周期增加24；

第五个循环：由61～90，周期增加30；

第六个循环：由91～126，周期增加36；

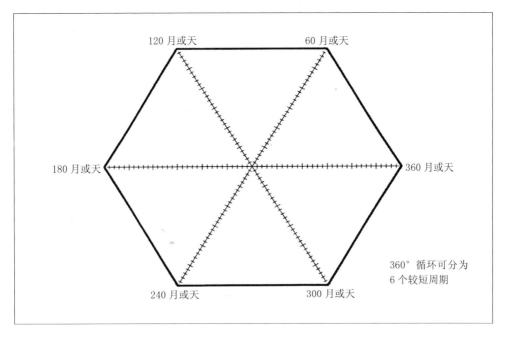

图 8-1 江恩六角形图

第七个循环：由 127～168，周期增加 42；

第八个循环：由 169～216，周期增加 48；

第九个循环：由 217～330，周期增加 54；

第十个循环：由 331～396，周期增加 60。

如图 8-2 所示，当上述循环走至第六个的时候，数字增加了 36，亦即完成了一个六角形的循环。如以 30 年循环计，第六个循环应在 127 月完成，亦即 10 年零 7 个月，是一个重要的时间周期。

第八个循环在 168 月完成，若以 30 年循环计，共运行 14 年，即两个 7 年，是重要的市场转折点。

以六角形数字的排列，当数字运行至 360，完成一个圆形循环的时间，六角形是运行至第十个循环中的第 150～180°，因此 150～180°对市场时间的影响是相当大的。

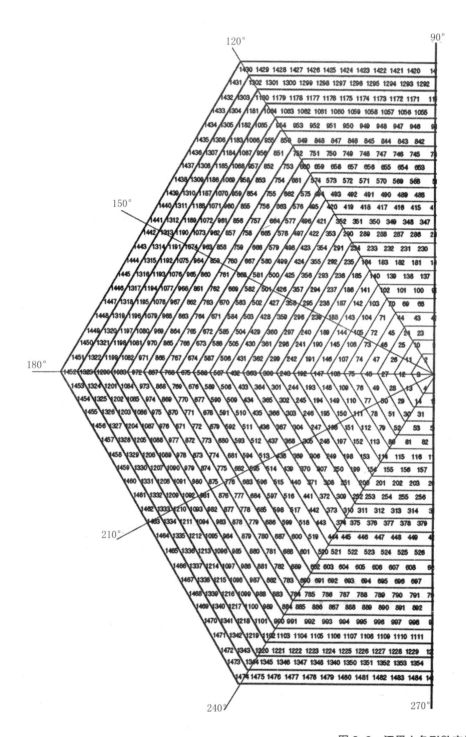

图 8-2　江恩六角形数字排列

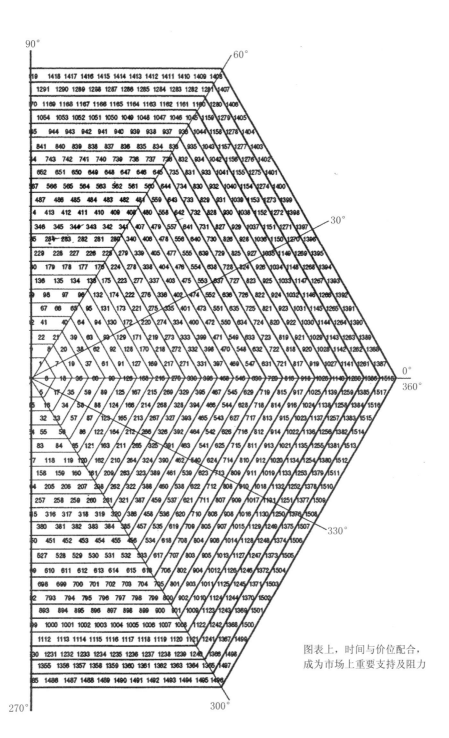

图表上，时间与价位配合，
成为市场上重要支持及阻力

二、江恩六角形的意义与应用

1. 如何理解江恩六角形

江恩六角形的意义在于时间与价位的配合。江恩将六角形按12份分割，每一个角度代表一个时间。以六角形为一年来看，12个角度代表12个月份。量度时间的起点可以有两个方法：

（1）以每年3月21日春分作为0°，以后每30°代表一个月的时间。

（2）以市场的重要高点或低点开始，计算30天、60天、90天等时间阶段。

价位方面，江恩六角形的数字以逆时针螺旋式增长，代表市场的价位。当市场的价位到达重要的角度时，市场便会出现支撑及阻力。

在此，特别指出江恩六角形的奥妙之处：众所周知，市场的支撑及阻力并非牢不可破，但什么时候市场的趋势会带动市价突破重要的支撑及阻力?而江恩六角形正好为我们解答这个问题。江恩六角形的角度线上面的数字所代表的乃是重要的市场支撑及阻力水平，例如，在3月21日春分前后，0°线之上的市场的重要支撑及阻力为7、19、37、61、91、127、169、217、271、331、397等，但当时间运行至6月21日夏至时，市场的重要支撑及阻力便相应转移至90°线上的2、9、23、42、68、99、137、180、230、285、347。

2. 时间与价位回归

江恩六角形的精要是当价位螺旋运行至重要的六角形角度线时，市场便会遭遇重要的支撑及阻力。江恩所指的六角形角度线，乃是指时间循环的各个阶段而言。

上述理论奥妙不已，现以汇市一个例子说明。

江恩六角形的 0°线，一方面可以代表一年的春分点 3 月 21 日，另一方面亦可看为一个市场重要转折点的时间。以下分析应用前者的方法。

江恩六角形的理论以春分点 3 月 21 日的重要市场支撑或阻力位为：6、18、36、60、90、126、168、216 等。上面第七个循环为 168，刚好成为美元兑马克于春分 3 月 21 日时的重要水平。

据笔者的研究，美元兑马克在 1988、1990、1991、1992、1993、1994 年的 6 年里面，每年春分时都回归至 1.68 的水平，其中 1992 及 1993 年成为市场的重要阻力，其余四年里面，美元在 1.68 马克水平都出现十分激烈的争持(图 8-3)。

此外，若以 3 月 21 日的前后两个角度来看，330°及 30°的时间是 2 月 21 日至 4 月 21 日，角度线上所显示的是 165 及 172，换言之，在这两个月内，市场的重要支撑及阻力位应为 1.65 及 1.72 马克水平。

3. 江恩六角形的支撑与阻力分析

江恩六角形的时间与价位应用甚为奥妙，其中尤以在特定的时间内预定市场的重要支撑及阻力位(图 8-3、图 8-4)。

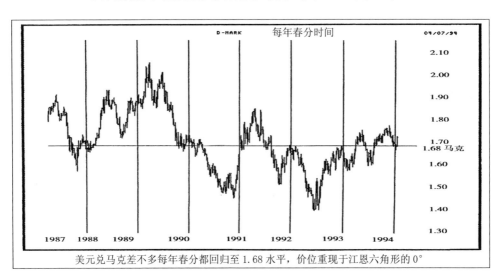

图 8-3　美元兑马克周线图

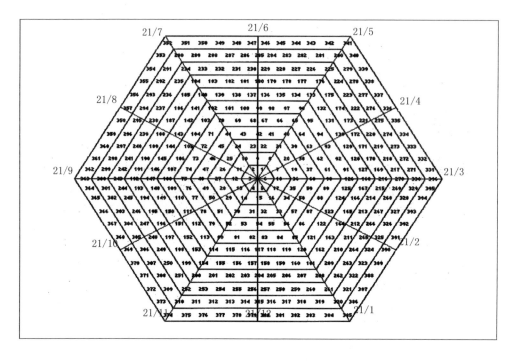

图 8-4　江恩六角形图

以美元兑日元汇价走势的例子加以说明。

江恩六角形第十八及十九个循环与美元兑日元的汇价数值十分接近，可作为分析的依据。

时间方面，若以江恩六角形的 0° 为市场时间周期的起始点，则 270° 与 0° 将分别为冬至及春分的时间，套用在目前的时间层面上，应为 1993 年 12 月 21 日至 1994 年 3 月 21 日。

在这段时间内，江恩六角形上第十八个循环的价位数值为 1000～1026，转换为美元兑日元汇价的话，则为 100.00～102.60 日元。

江恩六角形的第十九个循环在这段时间内，价位数值则由 1112～1140，转换为美元兑日元汇价的话，则为 111.20～114.00 日元。

换言之，根据江恩理论，在冬至至春分期间，市场的重要支撑及阻力便在上述水平之上。

大家只要留心 1993 年 12 月 21 日至 1994 年 3 月 21 日的美元兑日元汇价，便可发现美元兑日元在这段时间内价位波动的上下

限，刚好处于 100.00～102.60 与 111.20～114.00 日元之间。美元
兑日元在这段时间的高点在 1994 年 1 月 5 日的 113.58 日元，刚好
在 114.00 之下，而美元兑日元在这段时间的最低点则为 2 月 14 日
的 101.00 日元，刚好在 100.00 日元之上(图 8-5)。

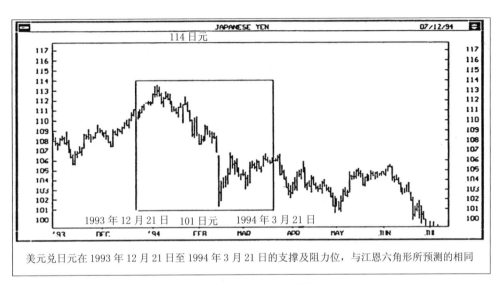

美元兑日元在 1993 年 12 月 21 日至 1994 年 3 月 21 日的支撑及阻力位，与江恩六角形所预测的相同

图 8-5　美元兑日元日线图

4. 江恩六角形的角度线应用

　　江恩六角形以 12 条角度线分割，每一个 30° 代表一个月，事
实上，江恩六角形可进一步分割为 360 个角度，每一个角度代表一
天，而当天角度之上的数字，亦成为当天的重要支撑及阻力位，更
为重要的是，当时间(角度)与价位汇合的时候，市场亦出现转势。

　　以下再以美元兑日元的汇价走势为例，以说明上述论点。

　　江恩六角形的第十八个循环数字由 919～1026，其处于 300°
与 330° 之间的数字为 1008～1017。换言之，1994 年 1 月 21 日至
1994 年 2 月 21 日的重要支撑位为 100.80～101.70。

　　现实上，美元兑日元于 1994 年 2 月 14 日低见 101.00，刚处上
述水平之上。

　　若我们将 1994 年 2 月 14 日按角度计算,应为 324°,而当天相对的六角形数字约在 101.50,与当天低位 101.00 甚为接近,当时间与价位汇合,市场便出现大幅反弹。

　　有趣的是,180 日之前的 1993 年 8 月 17 日,美元兑日元最低下跌至 100.35 水平,角度上是 146° 左右,时间与价位在六角形上成 180°,对市场产生了作用。当天美元低见 100.35 后大幅反弹至 8 月 19 日的 106.75,而 8 月 21 日的 150° 角度水平为 107.40,成为市场的重要阻力(图 8-6)。

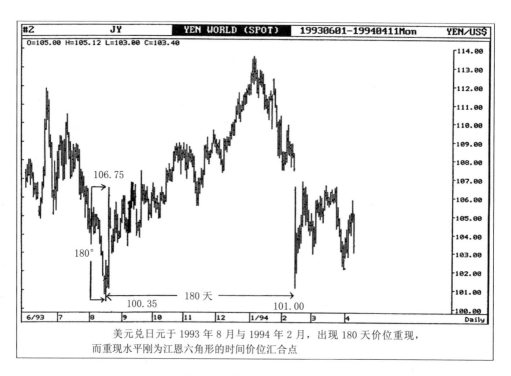

美元兑日元于 1993 年 8 月与 1994 年 2 月,出现 180 天价位重现,
而重现水平刚为江恩六角形的时间价位汇合点

图 8-6　美元兑日元日线图

　　深圳证券综合指数于 2001 年 6 月 14 日出现中期顶部,价位水平在 665.57,而其后深指最低下跌至 2002 年 1 月 23 日低位 366.84。若以江恩六角形的理论观察,上述一顶一底之间其实是存在着角度线的关系(图 8-7)。

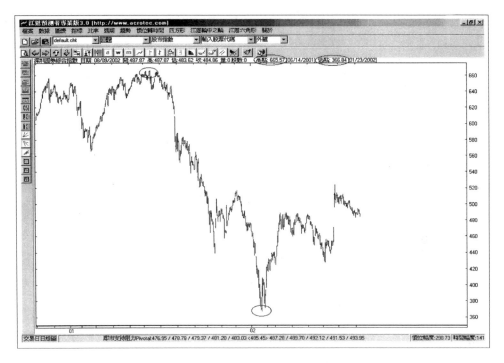

图8-7 深圳证券综合指数日线图

　　在江恩六角形的图表上，深指于6月14日的665.57见中期顶部并非巧合。其中，在六角形上，价位与时间的角度是汇合在一起的，换言之，时间与价位都走完一个周期。

　　其后，深指在2002年1月23日的366.84见底，仔细一看，367这个价位的水平刚好到达顶部时间价位角度的120°。另外，36这个数字与67在六角形上差不多形成90°的关系(图8-8)。

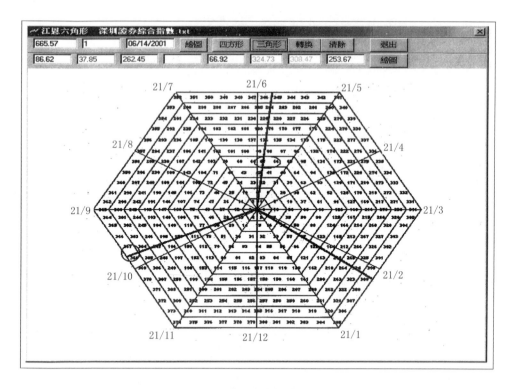

图 8-8　深圳证券综合指数的江恩六角形图

第九章

轮中之轮

在自然定律中，有主要，有次要；有正，有负，亦有中性。因此，在循环周期中亦必定有短期、长期及中期的周期或循环中的循环。正如圣经以西结书所说"轮中之轮"。

——威廉·江恩

一、轮中之轮的结构与制作

江恩理论中广为人谈论而又神秘莫测的，乃是"轮中之轮"(Wheel within a Wheel)的市场理论。根据江恩的概念，他认为市场有长期循环、中期循环以及短期的循环，互相重叠，令市场发生变幻莫测的波动。江恩的"轮中之轮"原理，是尝试分析影响市场走势的长、中、短周期，从而预测市场的波动轨迹。

正如江恩的论述，一天是一个短线的周期，其中可分割而成24小时，而每小时为地球自转15°。

如是者，一年亦可分割而成12个月份，每个月若按新月及满月一分为二，一年便有12个新月及12个满月，合共24份。

而中国的历法，则按照太阳在黄道上的运行，划分而成24节气，每一个节气所代表的，是太阳在黄道之上运行15°，太阳走完24个15°，便完成一年的时间。

根据上面的原则，江恩设计了一个360°的圆形图表，其中分割而成24份。

该图表由1开始，以逆时针的螺旋形式增长运行24个阶段为一个循环。当螺旋形共运行15个循环时，数字便增长至360，亦即一个圆形的360°。

换句话说，24是一个小循环，由15个24组合而成的，是一个360°的大循环。

因此江恩的"轮中之轮"理论，事实上并不复杂。其基本概念是市场乃是以24为一个单位运行。24可以有多种应用的方式，在外汇上应用24便表示0.2400。在股市之上，24则表示2400点或240点。

在江恩的"轮中之轮"中，角度线成为了决定的因素。当一个市场的重要顶部或底部在某个角度出现的时候，市场随之而来的调整，或反弹的重要支撑阻力位，便会在该角度的0°、180°或前后 90° 的角度线之上出现(图 9-1)。

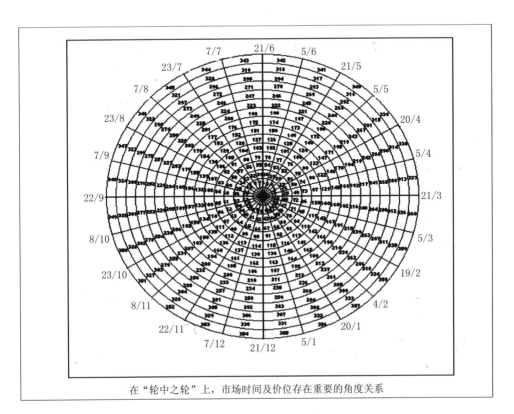

在"轮中之轮"上,市场时间及价位存在重要的角度关系

图 9-1 江恩"轮中之轮"

换言之,0° 的角度线表示市场增加或减少了 24 个单位。

在 180° 的角度线,则表示由市场的顶或底开始,市场运行了 12 个或 36 个单位。若价位水平在其前后的 90° 角度线的话,这表示市场由重要的顶部或底部运行了 6 个或 18 个单位。

在研究"轮中之轮"的角度理论时,其重要性依次如下:

(1) 0°;

(2) 180°;

(3) 90°。

二、轮中之轮的奥妙

江恩的"轮中之轮"理论，精妙之处是将市场的时间以及价位的循环套在一个系统内结合分析。这个轮既指时间的周期循环，亦是指价位的周期循环。上述两个循环并非互不相干，而是有着千丝万缕的关系，因此称为"轮中之轮"。

在江恩的"轮中之轮"图表之上，江恩将360°的图表按地球的天文历时间划分，以下将角度线相对的时间表列如下：

度数	日期	节气
0°	3 月 21 日	春分
45°	5 月 5 日	立夏
90°	6 月 21 日	夏至
135°	8 月 7 日	立秋
180°	9 月 23 日	秋分
225°	11 月 8 日	立冬
270°	12 月 21 日	冬至
315°	2 月 4 日	立春
360°	3 月 21 日	春分

江恩认为圆形、三角及四方形是一切市场周期的基础，配合在"轮中之轮"的时间分析，三角形是 360° 的 $\frac{1}{3}$，即 120° 或 120 天；而四方形是 360° 的 $\frac{1}{4}$，即 90° 或 90 天的时间。

换言之，在四方形及三角形的基础上，市场的顶底是互相关联的。

三、轮中之轮配合二十四节气应用

　　上文笔者指出，江恩轮的角度线是代表季节周期，应用在金融市场上，江恩明显是指市场的周期亦即季节的周期，这话何解？

　　以香港恒生指数看，有几个事例值得留意(图 9-2)：

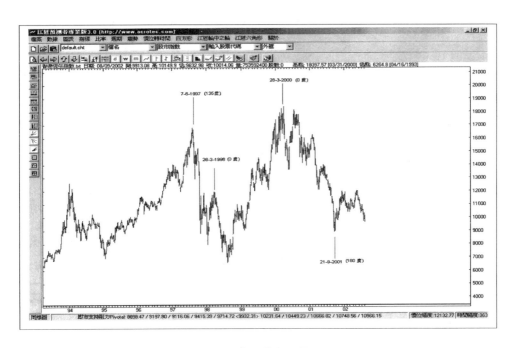

图 9-2　恒生指数周线图

　　(1) 1997 年 8 月 7 日高点的日期刚好是立秋日，亦即轮上的 135°，成为重要时间转折点。

　　(2) 1998 年 3 月 26 日是反弹高点，与 3 月 22 日春分日只相差几个交易日，亦即轮上的 0°。

　　(3) 2000 年 3 月 28 日是历史性高点，与 3 月 22 日春分日亦只相差数个交易日。

（4）2001 年 9 月 21 日是美国"9·11"受袭后的低点，当天与秋分日 9 月 22 日只相差 1 天而已。

由上可见，中国季节周期与江恩股市自然周期不谋而合。参见图 9-2。

江恩时间轮将一年的循环分割而成 24 份作为分析周期的依据，与中国历法的二十四节气如出一辙。

中国历法将太阳在黄道上的运行，以及其对地球气候的影响，分成二十四个节气，每一个节气的转变，对大自然农作物的收成以致人类的情绪都有影响，至于金融市场，这些气候转变的影响又有多大呢？

以下尝试对比大自然气候与市场的走势以观察其影响（图 9-3）。

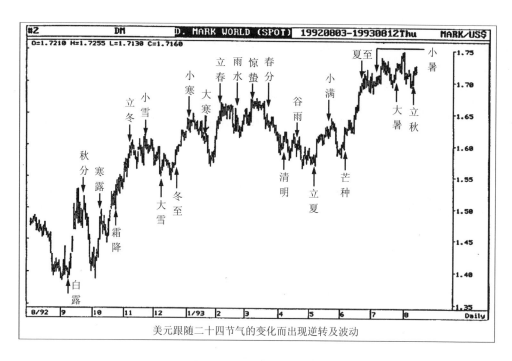

美元跟随二十四节气的变化而出现逆转及波动

图 9-3　美元兑马克日线图

• 1992 年美元的升势始于秋分前之一个节气——白露。

• 9月8日：为白露当日，当日美元低见1.3890马克，与最低位1.3860马克只差30点子。白露意思是天气逐渐转凉，地面结出露水。

• 9月23日：秋分之日，美元高见1.5180马克。秋分是一个重要的时刻，当天白天与夜晚时间长度一样。

• 10月9日：美元于1.4950马克形成一个小型顶部。10月9日为寒露，意思是天气转冷，水汽凝成露珠。

• 10月23日：霜降，美元继续上升。

• 11月9日：立冬，美元经过大幅飙升后在1.6066马克首次遇到阻力。立冬，意为冬天开始。

• 11月23日：小雪，美元高见1.6160马克，成为中期顶部。小雪意为开始下雪。

• 12月8日：大雪，美元低见1.5498马克。大雪意为雪花纷飞。

• 12月22日：冬至，美元见底回升。是日夜最长，日最短。

以下是对比1993年节气变化与美元走势的关系：

• 1月5日：小寒，寒风冽冽，美元于3个交易日后的1月8日创出1993年第一个短期顶部1.6497马克。

• 1月21日：大寒，天寒地冻，是春来之前最寒冷的时刻，美元进入急跌，美元最低见1.5660马克。之后，美元大幅反弹，最高于2月4日高见1.6670马克，是1993年第二个美元顶部，是日立春，春回大地，严寒已过。

• 2月18日：雨水，冰雪融化，春雨绵绵，美元进入调整。

• 3月5日：惊蛰，春雷声响，惊醒冬眠的动植物，大自然一片生机，美元是日第一次上试1.67马克水平，至3月10日高见1.6735马克，创1993年第三个顶部。

• 3月20日：春分，日夜时间相等，美元见顶回落。

• 4月5日：清明，天朗气清，美元处于调整的市道。

• 4月20日：谷雨，美元仍处调整。

• 5月5日：立夏，夏天开始，美元见1.56马克后回升。

• 5月21日：小满，农作物开始结果，美元上试1.64马克后调整。

· 6月6日：芒种，最宜播种有芒的农作物，如麦子、稻谷等，美元开始由1.59水平飙升。

1993年6月开始，进入炎夏，美元走势如下：

· 6月21日：夏至，日最长、夜最短，万物生长最旺。美元飙升至1.69马克水平。

· 7月7日：小暑，7月23日大暑，美元在高位1.70～1.73马克间徘徊，热浪迫人。

· 8月7日：立秋，大自然开始进入秋季。美元回试1.69～1.70马克的水平。

综合上述美元的走势，美元的升浪始于1992年的初秋，至1993年8月，已经历了春夏秋冬四季的循环，因此美元在1993年8月开始出现大幅调整。

从美元在各个季节的表现来看，美元的走势有点儿像大自然的发展一样：

（1）当1992年11月立冬后，美元的升势便变得十分反复缓慢，如大自然的生长一样。

（2）立春时刻，美元正营造一个重要顶部；春分之后，美元进入调整，走势加快，市场如重获生机一样。

（3）美元于1993年5月进入夏季，美元出现强劲的升势，美元的走势如植物迅速生长。

在上述三段季节之中，其中要特别注意季节的转折点：立春、立夏、立秋及立冬，市场的动量往往出现相应的变化。此外，春分、夏至、秋分、冬至，则往往是市场转势的时刻。

根据中国的二十四个节气分析外汇市场的循环走势，可发现十分有趣的现象，季节的变化，与市场的升跌有着十分密切的关系。

以英镑以往的走势为例，不少市场的顶底都在二十四个节气的时间出现，如果投资者能够如动物般感应到大自然的时间循环，气候变化，则投资者将可在市场上纵横驰骋。

笔者观察到英镑在过往与二十四节气的一些有趣关系（图9-4）。

（1）在 1989～1993 年之中，每逢春分（3 月 20 或 21 日），英镑均出现中期或短期的反弹。

（2）在这几年之中，每逢立春（2 月 4～5 日），英镑都有十分急促的市势逆转。1993 年 2 月 12 日，是英镑于 1.4063 美元见底之日，约为立春之后的 1 个星期之后。

（3）英镑于 1991 年 2 月 6 日见 2.0045 美元的中期顶部，刚好为立春之后的一天，而英镑 1993 年在 2 月 12 日见底，亦刚好为立春之后，1.4063 美元的底部成为一个中期的大底。

（4）英镑于 1989 年 9 月 8 日白露见第二个底部，到 1992 年 9 月 8 日白露，刚为英镑见 2.0100 美元大顶之日，在时间方面，恰到好处。

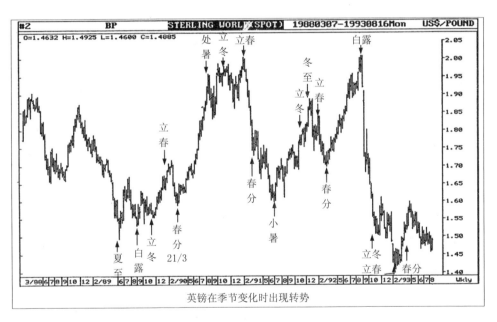

图 9-4 英镑兑美元周线图

四、轮中之轮的角度分析

江恩的"轮中之轮"应用方法十分特别，乃是以轮中的数字以及圆形的角度作为分析市场的时间与价位的依归。

最重要一点是，当市场在特定的时间到达"轮中之轮"上角度的价位时，市场将出现极为重要的支撑或阻力。以下笔者以英镑的走势为例，以剖释"轮中之轮"的应用方法。

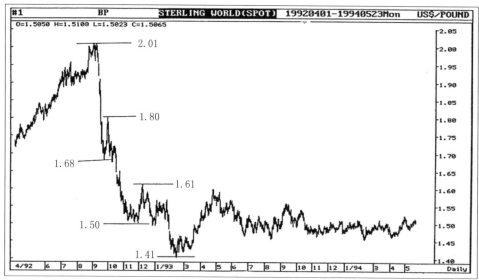

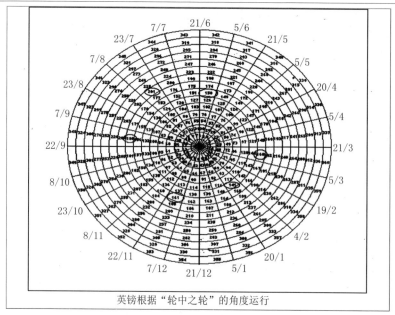

英镑根据"轮中之轮"的角度运行

图9-5　英镑兑美元日线图

如图 9-5 所示，英镑由 1992 年 9 月 8 日的 2.01 美元高位大幅下跌，形态上清晰地分为 5 个浪的下跌。

第一浪由 1992 年 9 月 8 日 2.01 美元下跌至 9 月 23 日 1.6817；

第二浪反弹至 9 月 30 日 1.8025 美元；

第三浪下跌至 11 月 30 日 1.5015 美元；

第四浪反弹至 12 月 8 日 1.61 美元；

第五浪下跌至 1993 年 2 月 12 日的 1.4065 美元。

价位而言，2.01 美元是处于"轮中之轮"的 135°，而整个浪的浪底为 1.4065 美元，在"轮中之轮"上，1.41 美元是处于 315°。角度上，英镑的大顶及大底刚相距 180°。

以上面的细浪观察，第一浪下跌至 1.6817 美元后反弹至 1.8025 美元。在"轮中之轮"上，1.68 美元是处于 0° 之上，而 1.80 美元的角度是处于 180° 上，两者亦相距 180°。

第三浪由 1.8025 美元下跌至 1.5015 美元，在"轮中之轮"上，180 及 150 分别在 180° 及 90°，两者相距 90°。

第五浪由 1.61 美元下跌至 1.4065 美元，在"轮中之轮"上，160 及 141 分别处于 225° 及 315°，两者亦相距 90°。

若我们将市场的时间及价位配合分析，有两点值得注意：

(1) 在"轮中之轮"中，135°～180° 的时间是 8 月 7 日至 9 月 23 日，亦即立秋至秋分，在这段时间，相对英镑的价位水平为 201～204，亦即 2.01～2.04 美元。

当 1992 年 9 月 8 日英镑达至 2.01 美元时，时间及价位在"轮中之轮"上汇合，构成无可突破的阻力，英镑之后大幅暴跌。

(2) 英镑在 1992 年 9 月 8 日 2.01 美元大幅贬值，最低于 1993 年 2 月 12 日低见 1.4065 美元。凑巧非常，在"轮中之轮"上，315° 的时间是 2 月 4 日"立春"日，亦即英镑见底之前数天，而"轮中之轮"上 315° 的相对英镑的价位是 141，亦即 1.41 美元。换言之，英镑在 315° 上时间价位汇合，形成英镑强大的支撑。

应用"轮中之轮"理论在美元兑马克的长期汇价走势上，其准确性亦令人赞叹不已。

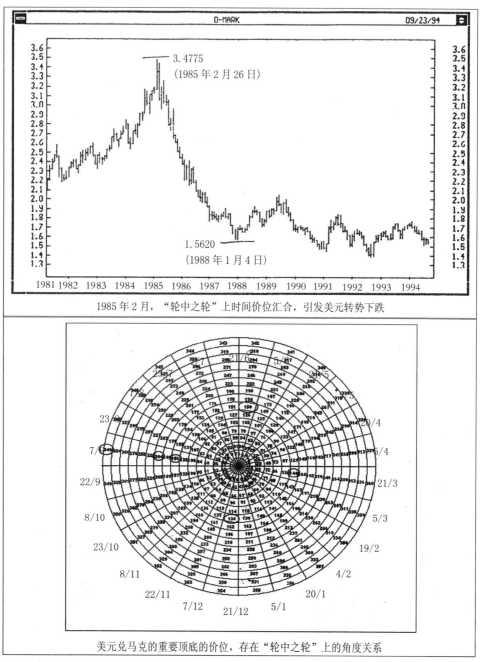

1985 年 2 月，"轮中之轮"上时间价位汇合，引发美元转势下跌

美元兑马克的重要顶底的价位，存在"轮中之轮"上的角度关系

图 9-6　美元兑马克月线图

如图 9-6 所示，美元兑马克的大顶在 1985 年 2 月 26 日的 3.4775 造出，348 数字在"轮中之轮"上，是处于 180° 线之上。而美元见大顶后大幅下跌，最低于 1988 年 1 月 4 日低见 1.5620 马克，凑巧非常，156 的数字亦是处于"轮中之轮"的 180° 线之上。以时间及价位配合分析的话，2 月 26 日的水平约在 330°，而 330° 的 180° 对角为 150°，美元兑马克的相对价位 347 或 3.47 正坐落在此水平之上，成为美元在 1985 年 2 月的重要阻力位。

美元兑马克于 1988 年 1 月 4 日于 1.5620 开始大幅反弹，最高于 1989 年 6 月 15 日高见 2.0480，此亦十分巧合，204 的数字处于 180° 线之上。

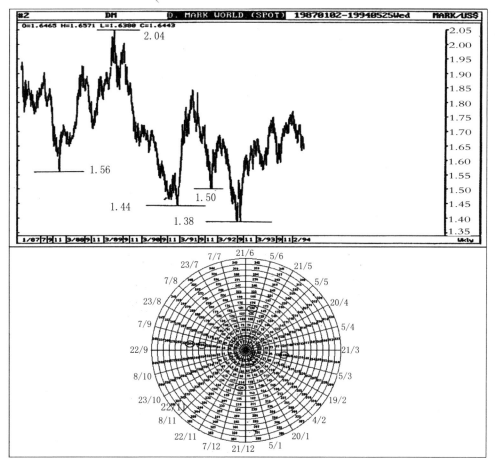

图 9-7　美元兑马克日线图

　　如图 9-7 所示，美元兑马克由 1989 年 6 月 15 日的 2.0480 大幅下跌，最低于 1991 年 2 月 12 日低见 1.4430 马克，144 数字的位置，在"轮中之轮"上是处于 0° 之上亦即与 204 相隔 180°。

　　美元兑马克的重要顶底的价位，存在"轮中之轮"上的角度关系。

　　从另一个角度来看，美元兑马克以往共有 4 个主要大底，其数字相对于"轮中之轮"的角度上，现列于下：

　　(1) 1988 年 1 月 4 日的 1.5620 马克(180°)。

　　(2) 1991 年 2 月 12 日的 1.4430 马克(0°)。

　　(3) 1991 年 12 月 27 日的 1.5015 马克(90°)。

　　(4) 1992 年 9 月 2 日的 1.3860 马克(270°)。

　　上述 4 个大底，都有 90° 或 180° 的关系。

　　以"轮中之轮"配合美元兑马克 1992～1994 年的日线走势，其中关系亦甚为有趣。

　　如图 9-8 所示，美元兑马克于 1992 年 9 月 2 日低见 1.3860，创出历史性的低位，之后美元大幅反弹，其间美元出现多个高点：

　　(1) 1992 年 9 月 17 日的 1.5305，处于 135°。

　　(2) 1992 年 11 月 23 日的 1.6160，处于 270°。

　　(3) 1993 年 3 月 11 日的 1.6735，处于 0°。

　　(4) 1993 年 8 月 2 日的 1.7485，处于 90°。

　　(5) 1994 年 2 月 8 日的 1.7686，处于 135°。

　　上述第(2)～(4)个高点，都存在 90° 的角度关系。而第(1)及第(5)个高点，则处于同一条角度线之上。

　　以美元兑马克的低点来看：

　　(1) 1992 年 9 月 2 日美元的 1.3860 马克，处于 270°。

　　(2) 1993 年 4 月 26 日的 1.5640 马克，处于 180°。

　　(3) 1993 年 9 月 15 日的 1.5870 马克，处于 225°。

　　上面 3 个低点都存在 45° 的关系。

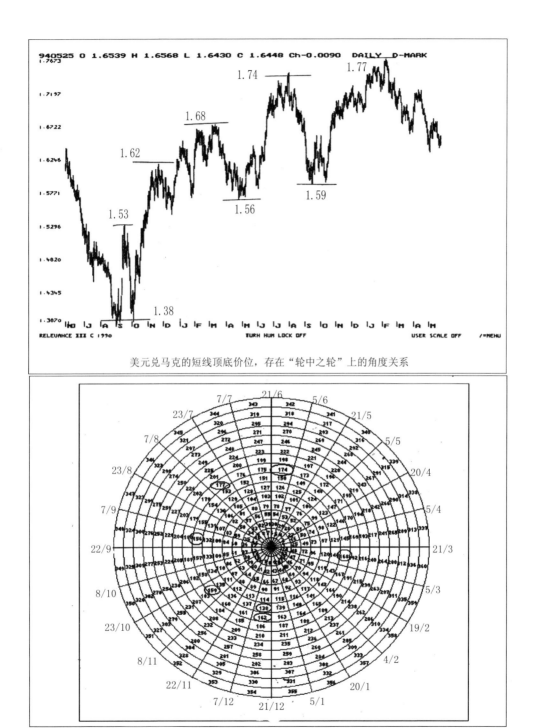

美元兑马克的短线顶底价位，存在"轮中之轮"上的角度关系

图 9-8 美元兑马克日线图

第十章

江恩十二条买卖规则

我将给予你超过 45 年股票市场的经验，并订下买卖规则，只要你学习并跟随，便成功在望。

——威廉·江恩

江恩最后一本重要著作写于 72 岁高龄，是 1949 年出版的《在华尔街 45 年来》(45 years in Wall Street)，其中江恩坦诚披露数十年来在市场取胜之道。

江恩认为，投资者在市场买卖遭受损失，主要的原因有三：

(1) 在有限资本上过度买卖。

(2) 投资者未有设下止损盘以控制损失。

(3) 缺乏市场知识，这是在市场买卖中损失的最重要原因。

因此，江恩对所有投资者的忠告是：在你输钱之前，请先细心研究市场。

在入市之前，投资者一定要了解：

(1) 你可能会做出错误的买卖决定；

(2) 你必须知道如何去处理错误；

(3) 出入市必须根据一套既定的规则，永不盲目猜测市况发展。

(4) 市场条件及时间经常转变，投资者必须学习跟随市况转变。不过，由于人性永不改变，因此，在不同时间循环及市场条件下，市场历史会重复发生的。

这些虽然是老生常谈，但配合江恩提供的 12 条重要买卖规则，江恩理论便可发挥威力。

江恩总结 45 年来在华尔街投资买卖的经验，写成 12 条买卖规则，重要性不言而喻，现列于下以供参考：

第一条：决定趋势。

第二条：在单底、双底或三底水平入市买入。

第三条：根据市场波动的百分比买卖。

第四条：根据 3 星期上升或下跌买卖。

第五条：市场分段波动。

第六条：根据 5 或 7 点上落买卖。

第七条：成交量。

第八条：时间因素。

第九条：当出现高底或新高时买入。

第十条：决定大市趋势的转向。

第十一条：最安全的买卖点。

第十二条：快市时价位上升。

江恩在 12 条规则之上建立了整个买卖的系统。基本上，所使用的方法是纯粹技术性为主，而买卖方法是以跟随市势买卖为主，与其他的预测服务完全不同。江恩清楚将市场买卖及市场预测分开，是他成功的地方。

一、决定趋势

江恩认为，对于所有市场，决定其趋势是最为重要的一点，至于如何决定其趋势，便是学问所在。

他认为，对于股票而言，其平均综合指数最为重要，以决定大市的趋势。此外，分类指数对于市场的趋势亦有相当启示性。所选择的股票，应以根据大市的趋势者为主。若将上面规则应用在外汇市场之上，则"美元指数"将可反映外汇走势的趋向。

在应用上面规则时，他建议分析者使用一种特殊的图表方法，对于大市指数来说，应以 3 天图(3-Day Chart)及 9 点平均波动图(9-Point Average Swing Chart)为主。

3 天图表的意思是，将市场的波动，以 3 天的活动为记录的基础。这 3 天包括周六及周日。3 天图表的规则是，当 3 天的最低水平下破，则表示市场将会向下，当 3 天的最高水平上破，则表示市场会出现新高(图 10-1)。

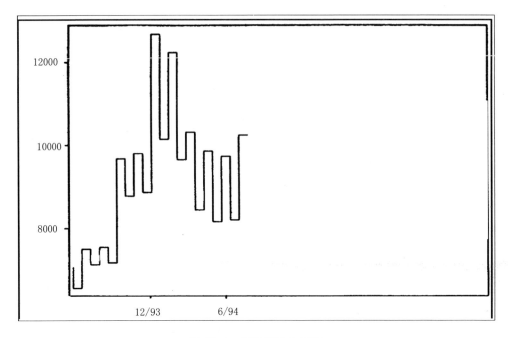

图 10-1 恒生指数 3 天图

绘画步骤如下：

(1) 当市场从低位上升，连续 3 天出现较高的低位及高位，图表上的线应移至第三天的高点。若市场下跌 2 天后第三天再创新高，则图表上的线应垂直上移至当天的高点。

(2) 当市场连续 3 天创新低时，图表的线便可下移至第三天低位的水平，若市场继续下跌，则可将图表上的线垂直下移至当天的低点。

(3) 若市场连续 3 天创新高点，则"3 天图"表便可回升。除了"3 天图"外，江恩亦建议使用一种名为"9 点平均波动图"(9-Point Average Swing Chart)以分析市势(图 10-2)。

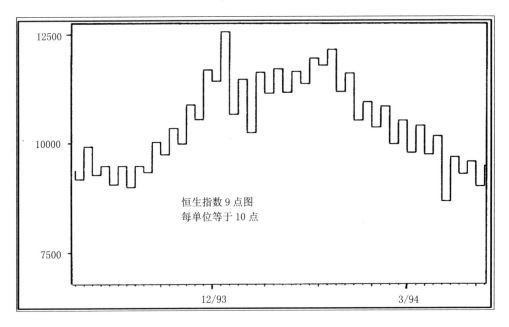

恒生指数 9 点图
每单位等于 10 点

图 10-2　恒生指数 9 点图

江恩所应用的，是在 1912～1949 年的道琼斯工业平均指数之上。江恩的统计如下：

(1) 在 37 年内，有 464 次波幅在 9 点或以上，54 次少于 9 点，平均每月有 9 点的波幅。

(2) 有超过 50%市场上落幅度为 9～21 点。

(3) 有 25%市场上落幅度在 21～31 点之间。

(4) 有约 12%市场上落幅度在 31～51 点之间。

(5) 在 464 次市场上落中，只有 6 次在 51 点之上。

因此，市场上落 9～21 点，是一个重要的市场转换的指标。

"9 点平均波动图"的规则是：

若市场在下跌的市道中，市场反弹低于 9 点，表示反弹乏力。超过 9 点，则表示市场可能转势，在 10 点之上，则市势可能反弹至 20 点。超过 20 点的反弹出现，市场则可能进一步反弹至 30～31 点，市场甚少反弹超过 30 点。

对于上升的市道中，规则亦一样。

在制作图表时，若市况上升超过9点，图表线可做上升，图表线跟随每日高点上移，直至市场出现9点的下跌，图表线才跟随下移至当日低点。

"3天图"(3-Day Chart)及"9点平均波动图"(9-Point Average Swing Chart)与目前我们所使用的"点数图"(Point& Figure Chart)十分类似，都是以跟随市势的方式绘制(图10-3)。不过，江恩认为上述图表有几个特点需要注意：

(1) 江恩的"3天图"是以时间决定市势的趋向，"9点平均波动图"则以价位上落的幅度去决定市势的走向，双剑合璧，分析者对市场趋势掌握可了如指掌。

(2) 与点数图相比，定义点数图的转向，是由分析者自行决定，成功与否在乎分析者对市况的认识。江恩的"9点平均波动图"，则是以统计为基础，九点转势的成功机会有近88%。

在实际应用"9点平均波动图"时，分析者必先了解所分析的市场，例如在外准市场中货币的平均上落幅度，所取的幅度应以超过50%的出现机会为佳。

据笔者经验，期指或外币市场中，90点是每一个浪的平均幅度，可做"9点平均波动图"制作时的参考。

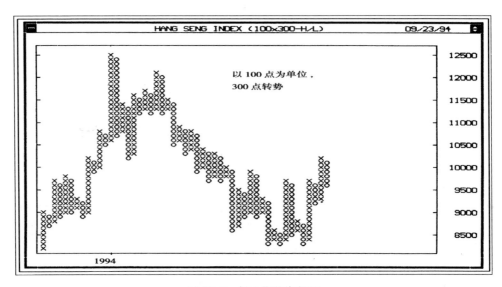

图10-3 恒生指数点数图

二、在单底、双底或三底买入

江恩第二条买卖规则十分简单，当市场接近从前的底部、顶部或重要阻力水平时，根据单底、双底或三底形式入市买卖。

这个规则的意思是，市场从前的底部是重要的支撑位，可入市吸纳。此外，当从前的顶部上破时，则阻力成为支撑，当市价回落至该顶部水平或稍低于该水平，都是重要的买入时机。

相反而言，当市场到达从前顶部，并出现单顶、双顶以至三顶，都是卖空的时机。此外，当市价下破从前的顶部，之后市价反弹回试该从前顶部的水平，都是卖空的时机(图 10-4、图 10-5)。

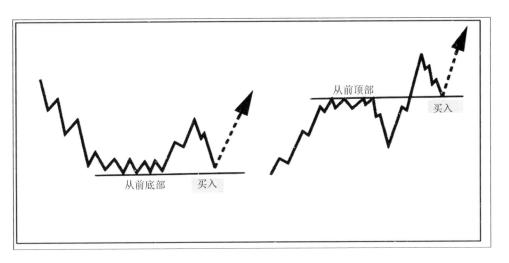

图 10-4　在从前底部或顶部之上买入

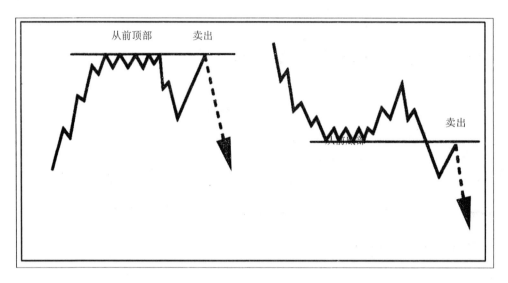

图 10-5　在从前顶部或底部下做空

不过投资者要特别留意，若市场出现第四个底或第四个顶时，便不是吸纳或卖空的时机，根据江恩的经验，市场 4 次到顶而上破，或 4 次到底而下破的机会十分大。在入市买卖时，投资者要谨记设下止损盘，不知如何止损便不应入市。止损盘一般根据双顶 /（三顶）幅度而设于这些顶部之上（图 10-6）。

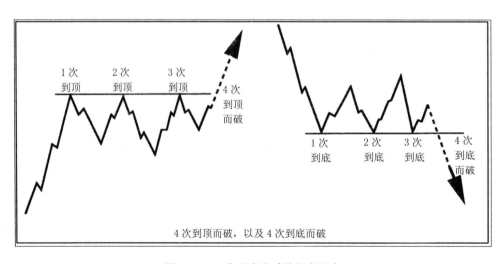

图 10-6　4 次顶底突破的概率极大

三、按百分比买卖

第三条买卖规则，乃是根据百分比买卖。江恩认为，只要顺应市势，有两种入市买卖的方法(图 10-7)。

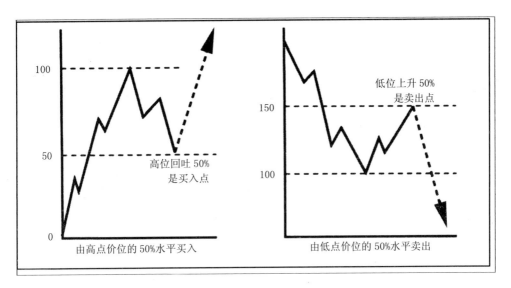

图 10-7　按百分比找买卖点

(1) 若市况在高位回吐 50%，是一个买入点。

(2) 若市况在低位上升 50%，是一个卖出点。

此外，一个市场顶部或底部的百分比水平，往往成为市场的重要支撑或阻力位，有以下几个百分比水平值得特别留意：

(1) 3%～5%；

(2) 10%～12%；

(3) 20%～25%；

(4) 33%～37%；

(5) 45%～50%；

(6) 62%～67%；

(7) 72%～78%；

(8) 85%～87%。

在众多个百分比之中，50%、100%以及100%的倍数皆为市场重要的支撑或阻力水平(图10-8)。

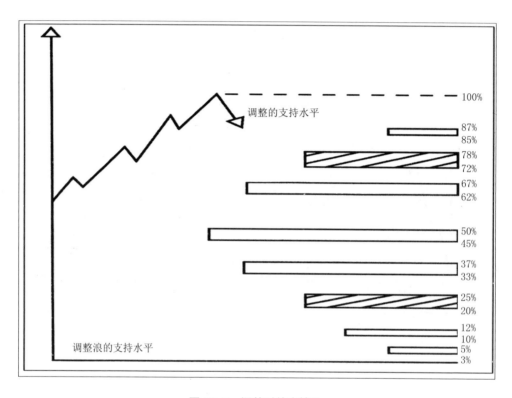

图 10-8　调整时的支撑位

四、调整3周后入市

江恩在设计他的第四条买卖规则时，对金融市场做了十分广泛的统计，他将市场反弹或调整的买卖归纳为两点：

(1) 当市场主流趋势向上时，若市价出现3周的调整，是一个买入的时机。

(2) 当市场的主流趋势向下时，若市价出现3周的反弹，是一个卖出的时机。

当市场逆趋势出现调整或反弹时，江恩认为在以下的时间必须留意市势的发展：

(1) 当市场上升或下跌超过 30 天时，下一个留意市势见顶或见底的时间应为 6～7 星期。

(2) 若市场反弹或调整超过 45～49 天时，下一个需要留意的时间应为 60～65 天。

根据江恩的经验，60～65 天为一个逆市反弹或调整的最大平均时间幅度。

如图 10-9，从美元兑马克在 1992～1993 年的表现来看，江恩的 3 星期调整理论颇为有效。

(1) 1992 年 9 月中至 10 月初；

(2) 1992 年 11 月末至 12 月中；

(3) 1993 年 1 月中至 2 月初；

(4) 1993 年 2 月中至 2 月末；

(5) 1993 年 9 月末至 10 月中；

(6) 1993 年 12 月初至 12 月中。

在上述 6 个例子中，美元兑马克的调整均为 3 个星期。

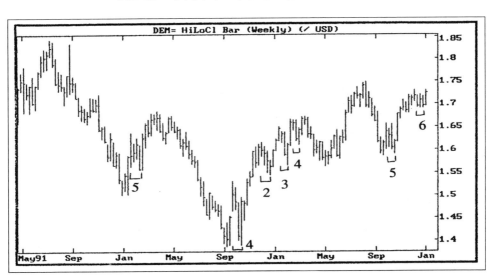

图 10-9 美元兑马克周线图

五、市场分段运行

在一个升市之中，市场通常会分 3 段甚至 4 段上升。在一个下
跌趋势中，市场亦会分 3 段，甚至 4 段浪下跌(图 10-10)。

这一条买卖规则的含意是，当上升趋势开始时，永远不要以为
市场只有一浪上升便见顶，通常市场会上升——调整——上升——
调整，然后再上升一次才可能走完整个趋势；反之，在下跌的趋势
中亦一样。

江恩这个对市场走势的看法与艾略特(R.N.Elliott)的波浪理
论看法十分接近。

波浪理论认为，在一个上升的推动浪中有 5 个浪，其中，有 3
次顺流的上升，2 次逆流的调整。

这点，江恩与艾略特的观察互相印证。不过，对于一个趋势中
究竟应有多少段浪，江恩的看法则似乎没有艾略特般硬性规定下
来，江恩认为在某些市场趋势中，可能会出现 4 段浪。

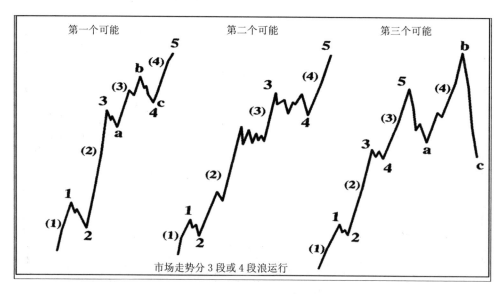

图 10-10　美元兑马克周线图

究竟如何去处理江恩与艾略特之间的不同看法呢？笔者认为有3种可能：

（1）所多出的一段浪可能是低一级不规则浪的 b 浪。

（2）所多出的一段浪可能是形态较突出的延伸浪中的一个。

（3）所多出的一段浪可能是调整浪中的不规则 b 浪。

六、利用 5～7 点波动买卖

江恩对于市场运行的研究，其中一个重点乃是建基于数字学（Numerology）之上。所谓数字学，乃是一套研究不同数字含义的学问。对于江恩来说，市场运行至某一个阶段，亦即市场到达某一个数字阶段，市场便会出现波动及市场作用。

江恩的第六条买卖规则是：

（1）若趋势是上升的话，则当市场出现 5～7 点的调整时，可做趁低吸纳，通常情况下，市场调整不会超过 9～10 点。

（2）若趋势是向下的话，则当市场出现 5～7 点的反弹时，可趁高卖空。

（3）在某些情况下，10～12 点的反弹或调整，亦是入市的机会。

（4）若市场由顶部或底部反弹或调整 18～21 点水平时，投资者要小心市场可能出现短期市势逆转(图 10-11)。

江恩的买卖规则有普遍的应用意义，他并没有特别指明是何种股票或哪一种金融工具，亦没有特别指出哪一种程度的波幅。因此，他的着眼点乃是在市场运行的数字上。这种分析金融市场的方法是十分特别的。

若将上面的规则应用在外汇市场上，一般而言，短期波幅可看为 50～70 点、100～120 点，而重要的波幅则为 180～210 点。汇市若超过 210 点的反弹或调整，要小心短线市势逆转。上面的幅度，对港股亦相当适用。

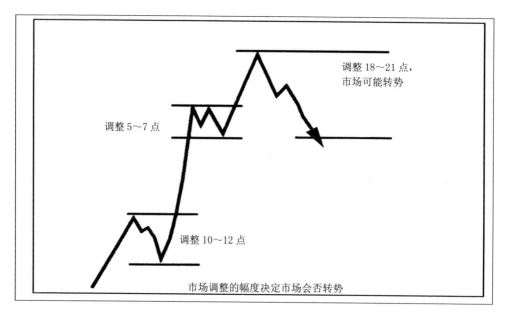

图 10-11　美元兑马克周线图

七、市场成交量

江恩第七条买卖规则是观察市场的成交量。

除了市场走势的趋势、形态及各种比率外，江恩特别将注意力集中在市场的成交量方面，以配合其他买卖的规则一并应用。

他认为，经常研究市场每月及每周的成交量是极为重要的，研究市场成交量的目的，是帮助决定趋势的转变。

利用成交量的纪录以决定市场的走势，基本以下面两条规则为主：

（1）当市场接近顶部的时候，成交量经常大增，其理由是：当投资群众蜂拥入市的时间，大户或内幕人士则大手派发出货，造成市场成交量大增，当有力人士派货完毕后，坏消息浮现，亦是市场见顶的时候。因此，大成交量经常伴着市场顶部出现，港股 1994 年 1 月 4 日所创高点 12599，便是一例。

（2）当市场一直下跌，而成交量逐渐缩减的时候，则表示市场抛售力量已近尾声，投资者套现的活动已近完成，市场底部随即出现，而市价反弹亦指日可待。

在利用成交量分析市场趋势逆转的时候，有以下几点规则必须结合应用，可以收预测之效：

(1) 时间周期－成交量的分析必须配合市场的时间周期，否则收效减弱。

(2) 支撑及阻力位，当市场到达重要支撑及阻力位，而成交量的表现配合见顶或见底的状态时，市势逆转的机会便会增加(图 10-12)。

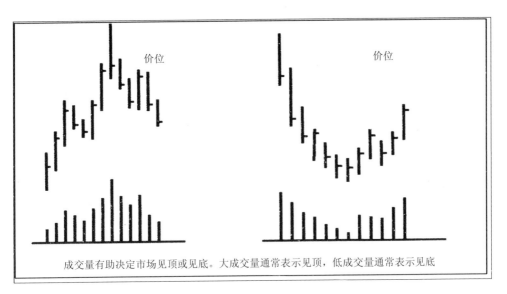

成交量有助决定市场见顶或见底。大成交量通常表示见顶，低成交量通常表示见底

图 10-12 成交量变化规律与顶底

八、时间因素

江恩第八条买卖规则是时间因素，认为在一切决定市场趋势的因素之中，时间因素是最重要的一环。

江恩认为时间是最重要的一个因素，原因有二：

(1) 时间可以超越价位平衡(Time Over-Balance Price)；

(2)当时间到达，成交量将增加而推动价位升跌。

上面第一点，是江恩理论的专有名词，所谓"市场超越平衡"（Market Over-Balanced），意思是：

（1）当市场在上升的趋势中，其调整的时间较之前一次调整的时间为长，表示今次市场下跌乃是转势。此外，若价位下跌的幅度较之前一次价位调整的幅度为大的话，表示市场已经进入转势阶段（图 10-13）。

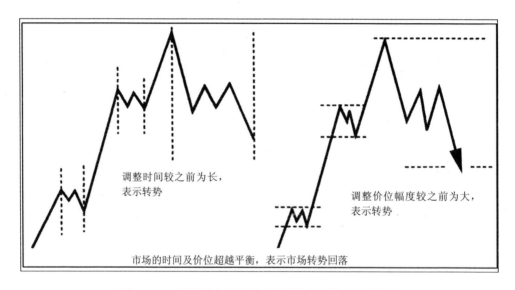

图 10-13　回调幅度和回调时间超越上一波则表明见顶

（2）当市场在下跌的趋势中，若市场反弹的时间第一次超越之前一次的反弹时间时，表示市势已经逆转。同理，若市场反弹的价位幅度超越之前一次反弹的价位幅度，亦表示价位(Price)或空间(Space)已经超越平衡(Over-Balanced)，转势已经出现（图 10-14）。

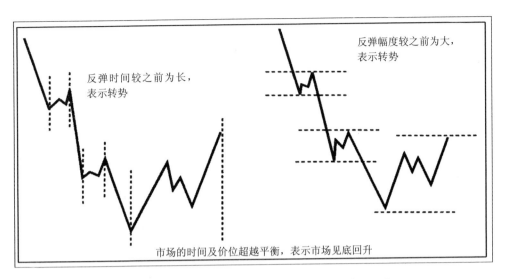

图 10-14 反弹幅度和反弹时间超越上一波则表明见底

在市场即将到达转势时间时，通常市势是有迹可寻的。在市场分 3~4 段浪上升或下跌的时候，通常末段升浪无论价位及时间的幅度上，都会较前几段浪为短，这现象表示市场的时间循环已近尾声，转势随时出现。

江恩亦认为，金融市场是受季节性循环影响的。因此，只要将注意力集中在一些重要的时间，配合其他买卖规则，投资者可以很快察觉市场趋势的变化。

江恩特别列出，一年之中每月重要的转势时间，甚具参考价值，现详列如下：

(1) 1 月 7~10 日及 1 月 19~24 日。

上述日子是年初最重要的日子，所出现的趋势可延至多周，甚至多月。

(2) 2 月 3~10 日及 2 月 20~25 日。

上述日子重要性仅次于 1 月份。

(3) 3 月 20~27 日。

短期转势经常发生，有时甚至是主要的顶部或底部的出现。

(4) 4 月 7~12 日及 4 月 20~25 日。

上述日子较 1、2 月次要，但后者亦经常引发市场转势。

（5）5 月 3～10 日及 5 月 21～28 日。

5 月是十分重要的转势月份，与 1、2 月的重要性相同。

（6）6 月 10～15 日及 6 月 21～27 日。

短期转势会在此月份出现。

（7）7 月 7～10 日及 7 月 21～27 日。

7 月份的重要性仅次于 1 月份，在此段时间，气候在年中转化，影响五谷收成，而上市公司亦多在这段时间半年结或派息，影响市场活动及资金的流向。

（8）8 月 5～8 日及 8 月 14～20 日。

8 月转势的可能性与 2 月相同。

（9）9 月 3～10 日及 9 月 21～28 日。

9 月是一年之中最重要的市场转势时候。

（10）10 月 7～14 日及 10 月 21～30 日。

10 月亦是十分重要的市场转势时候。

（11）11 月 5～10 日及 11 月 20～30 日。

在美国大选年，市场多会在 11 月初转势，而其他年份，市场多在 11 月尾转势。

（12）12 月 3～10 日及 12 月 15～24 日。

在圣诞前后，是市场经常出现转势的时候。

在上面所列出的日子中，每月共有两段时间，细心一看，大家便可以明了江恩所提出的市场转势时间。相对于中国历法中的二十四个节气时间，从天文学角度，乃是以地球为中心来说，太阳行走相隔 15° 的时间。由此可见，江恩对市场周期的认识与气候的变化息息相关。

江恩理论认为，要掌握市场转势的时间，除了留意一年里面多个可能出现转势的时间外，留意一个市场趋势所运行的日数是异常重要的。

基于对"数字学"的认识，江恩认为市场的趋势是根据数字的阶段运行，当市场趋势运行至某个日数的阶段，市场是可能出现转势的。

由市场的重要底部或顶部起计，以下是江恩认为有机会出现转

势的日数：

(1) 7～12 天；

(2) 18～21 天；

(3) 28～31 天；

(4) 42～49 天；

(5) 57～65 天；

(6) 85～92 天；

(7) 112～120 天；

(8) 150～157 天；

(9) 175～185 天。

据笔者的经验，在外汇市场中，最重要为以下 3 段时间：

(1) 短期趋势——42～49 天；

(2) 中期趋势——85～92 天；

(3) 中(长)期趋势——175～185 天。

以美元兑马克及瑞士法郎的趋势为例(图 10-15)，以下是一些

引证。

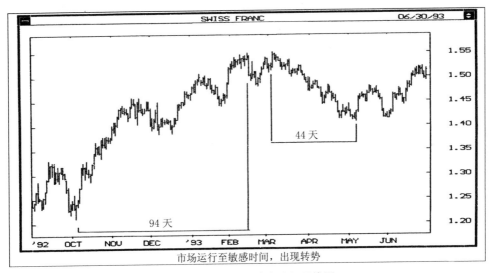

图 10-15　美元兑瑞士法郎日线图

（1）中期趋势——美元兑瑞士法郎由 1992 年 10 月 5 日，1.2085 上升至 1993 年 2 月 15 日，共上升 94 天。

（2）短期趋势——美元兑瑞士法郎由 1993 年 3 月 5 日 1.55 下跌至 5 月 7 日，共 44 天。

（3）长期趋势——美元兑马克由 1991 年 12 月 27 日至 1992 年 9 月 2 日两个底部相差共 176 天(图 10-16)。

江恩理论分析的引人入胜之处，乃是江恩对于市场重要顶部或底部所预测的时间都非常准确。

对于所预测的顶底时间，江恩当然在图表分析上下了不少工夫，在他的著作中，他介绍了 3 种重要的方法，颇值得投资者参考。

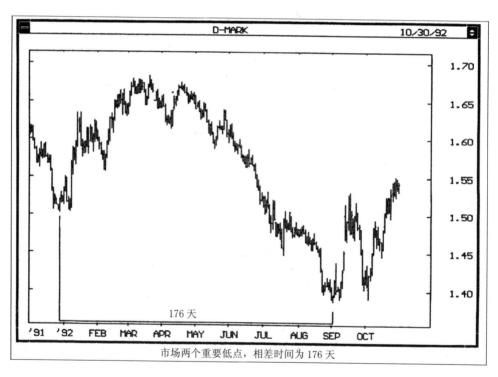

图 10-16　美元兑马克日线图

（1）江恩认为，将市场数十年来的走势做一统计，研究市场重要的顶部及底部出现的月份，投资者便可知道市场的顶部及底部通常在哪个月出现。他特别指出，将趋势所运行的时间与统计的月份做一比较，市场顶部及底部的时间便容易掌握得到。

（2）江恩认为，市场的重要顶部及底部的"周年纪念日"（Anniversary Dates），是必须密切留意的。在他的研究里，市场出现转势，经常会在历史性高低位的月份出现。纪念日的意义是，市场经过重要顶部或底部后的1年、2年，甚至10年，都是重要的时间周期，值得投资者留意。

（3）重要消息的日子。当某些市场消息入市而引致市场大幅波动，例如：战争、金融危机、贬值等，这些日期的周年都要特别留意。此外，分析者要特别留意消息入市时的价位水平，这些水平经常是市场的重要支撑或阻力位水平。

九、当出现高底或新高时买入

江恩的第九条买卖规则最为简单，可分为以下两项：

（1）当市价升创新高，表示市势向上，可以追市买入。

（2）当市价下破新低，表示市势向下，可以卖空(图10-17)。

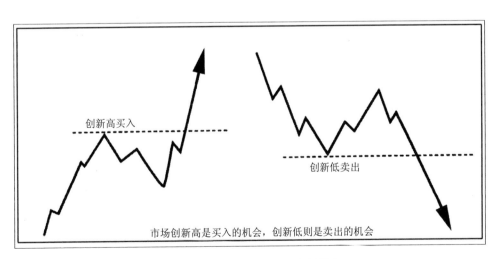

图10-17　创新高做多，创新低做空

不过，在应用上面的简单规则前，江恩认为必须特别留意时间的因素，特别要注意：

(1) 由从前顶部到顶部的时间；

(2) 由从前底部到底部的时间；

(3) 由重要顶部到重要底部的时间；

(4) 由重要底部到重要顶部的时间。

江恩在这里的规则，言下之意乃是指出，如果市场上创新高或新低，表示趋势未完，投资者可以估计市场下一个转势的时间。这个时间可以从前文所述的"数字学"而计算出来。若所预测者为顶部，则可从顶与顶之间的日数或底与顶之间的日数以配合分析；相反，若所预期者为底部，则可从底与底之间及顶与底之间的日数配合分析。若两者都到达敏感的日数，则转势的机会便会大增。

除此之外，市场顶与顶及底与顶之间的时间比率，例如：1倍、1.5倍、2倍等，亦顺理成章地成为计算市场下一个重要转折点的依据(图10-18)。

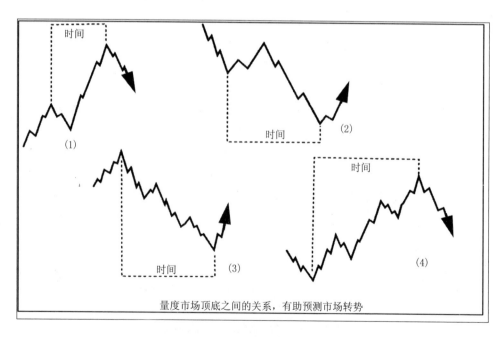

量度市场顶底之间的关系，有助预测市场转势

图10-18　时间周期测顶底

十、趋势逆转

江恩第十条买卖规则是趋势逆转的分析。根据江恩对市场趋势的研究，一个趋势逆转之前，在图表形态上及时间周期上都是有迹可寻的。

在时间周期方面，江恩认为有以下几点值得特别留意：

(1) 市场假期——江恩认为，市场的趋势逆转，通常会刚刚发生在假期的前后。

对于汇市来说，美国市场主导了其走势，因此要留意的乃是美国假期的前后时间，现罗列如下：

① 1 月 3 日(新年)；

② 5 月 30 日(美国纪念日)；

③ 7 月 4 日(美国独立日)；

④ 9 月初(劳动日后)；

⑤ 10 月 10～14 日(哥伦布日)；

⑥ 11 月 3～8 日(大选年时)；

⑦ 11 月 25～30 日(感恩节)；

⑧ 12 月 24～28 日(圣诞节)。

从美元兑马克 1989～1994 年的图(图 10-19)上可见，几个市场转势时间，均与美国假期十分接近：

① 1988 年 1 月 4 日美元在新年后转势。

② 1989 年 9 月劳动日后，美元由 2.00 马克开始急跌。

③ 1991 年 7 月 5 日，美元在独立日后见顶。

④ 1991 年圣诞后，美元见底回升。

⑤ 1993 年哥伦布日后，美元由 1.59 马克急升。

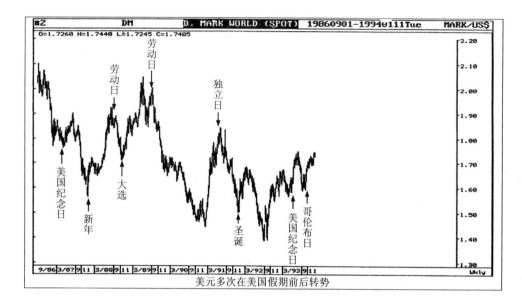

图 10-19　美元兑马克周线图

(2) 周年纪念日——投资者要留意市场重要顶部及底部的 1、
2、3、4 或 5 周年之后的日子，市场在这些日子经常会出现转势。

(3) 趋势运行时间——投资者要留意由市场重要顶部或底部之
后的 15、22、34、42、48 或 49 个月的时间，这些时间可能会出现
市势逆转。

在价位形态方面，江恩则建议：

① 升市——当市场处于升市时，可参考江恩的"9 点图"及
"3 天图"。若"9 点图"或"3 天图"下破对上一个低位，表示市
势将会逆转。

② 跌市——当市场处于跌市时，若"9 点图"或"3 天图"上
破对上一个高位，表示市势见底回升的机会十分大(图 10-20)。

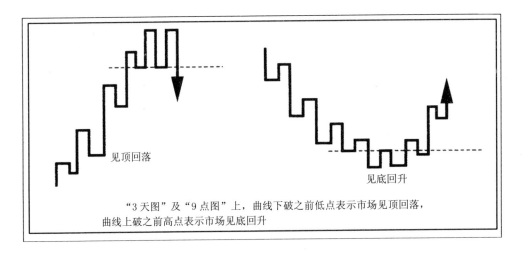

"3天图"及"9点图"上，曲线下破之前低点表示市场见顶回落，
曲线上破之前高点表示市场见底回升

图 10-20 走势见顶与见底

对于江恩来说，究竟时间重要还是价位重要呢？

笔者认为，时间是首要的，而价位形态则有确认市势以及厘定入市策略的作用。

换言之，价位形态的信号，若不出现在适当的"时间"，则其可信性将大打折扣。

十一、最安全入货点

在市场获利，除了能够正确分析市场走势外，出入市的策略亦是极为重要的，若出入市不得法，投资者看对市仍不免招致损失。

江恩对于跟随趋势买卖，有以下的忠告：

(1) 当市势向上的时候，追买的价位永远不是太高。

(2) 当市势向下的时候，追卖的价位永远不是太低。

(3) 在投资时谨记使用止损盘以免招巨损。

(4) 顺势买卖，切忌逆势。

(5) 在投资组合中，使用去弱留强的方法维持获利能力。

至于入市点如何决定，江恩的方法非常传统：在趋势确认后才入市是最为安全的。

在市势向上时，市价见底回升，出现第一个反弹，之后会有调整，当市价无力破底而转头向上，上破第一次反弹的高点的时候，便是最安全的买入点。止损位方面，则可设于调整浪底之下。

在市势向下时，市价见顶回落，出现第一次下跌，之后市价反弹，成为第二个较低的顶，当市价再下破第一次下跌的底部时，便是最安全的卖出点，止损位可设于第二个较低的顶部之上(图 10-21)。

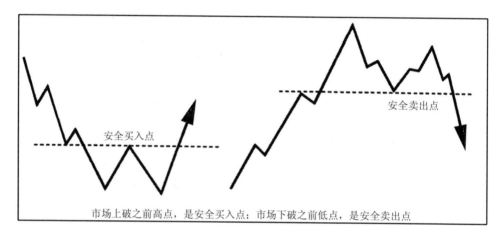

市场上破之前高点，是安全买入点；市场下破之前低点，是安全卖出点

图 10-21 安全买卖点

根据江恩的研究，在一个快速的趋势中，市价逆市反弹或调整，通常只会出现两天，是一个判断市势的有效方法。

十二、快速市场的价位波动

江恩对于不同的市势，进行过相当长时间的研究，不同的市势，大致上可利用市场的动量来界定。换言之，市价上升或下跌的速度，成为界定不同市势的准则。

江恩认为，若市场是快速的话，则市价平均每天上升或下跌1点。若市场平均以每天上升或下跌2点，则市场已超出正常的速度，市势不会维持过久。这类的市场速度通常发生于升市中的短暂调整，或者是跌市中的短暂时间反弹。

在应用上面的原则时有两点要特别注意：

(1) 江恩所指的每天上升或下跌1点，每天的意思是日历的天数(Calendar Day)，而非市场交易日(Trading Day)。这点是江恩分析方法的特点。

(2) 江恩所指的每天上升或下跌1点，其点数的意义，不在于市场实质的报价点数，而在乎市场平均的正常上升或下跌速度。

对于汇市来说，例如：马克、英镑和瑞士法郎，分析家惯常使用的是10点，即每天上升或下跌0.0010；而日元方面，所用的则为每天0.10日元。

换言之，在图表上将每天上升或下跌10点连成直线，便成为江恩的1×1线，是界定市势好淡的分水岭。

同理，若市场出现升市中的调整或跌市中的反弹，速度通常以每天20点运行，亦即1×2线。

江恩对于各种市场走势的变化，了如指掌，其中一个重要的观察是："短暂的时间调整价位"(Short Time Periods Correct Prices)。

一般人认为，当市场的升势到达超买的阶段，市场需要一段较长的时间以消化市场的技术状态。

不过，江恩认为，若市场在短促的时间大幅下跌，亦可消化整个市场的超买技术状态。

江恩的意思其实是，时间与价位的影响可以互相转换的。

当市场处于一个超买阶段，市场需要进入调整，若调整幅度小的话，则调整所用的时间便会相对地长。

相反而言，若市场调整的幅度大的话，则所需要的时间便会相对地少。

1987年股灾时美国道琼斯工业平均指数只在极短的时间内下

跌 50%，便已经调整完数年来的上升升幅，便是一个十分重要的例子(图 10-22)。

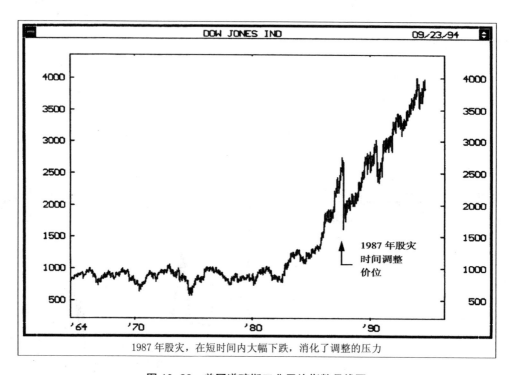

DOW JONES IND   09/23/94

1987 年股灾
时间调整
价位

'64   '70   '80   '90

1987 年股灾，在短时间内大幅下跌，消化了调整的压力

图 10-22　美国道琼斯工业平均指数月线图

此外，1991 年 8 月苏联动荡后，美元在数天内反弹千点之多，亦是美元下跌的技术性调整(图 10-23)。

故此，当市场调整幅度足够，不少技术超买／超卖状态已经完毕，投资者不容忽视。

图 10-23 美元兑马克日线图

第十一章

江恩买卖技巧

　　谨记，跟随所有规则；检查再检查；研究大小周期以做预测，看紧阻力水平；观察市场的顶部及底部之形态，及顶底之间的形态。若有任何遗漏，将陷你于错误之中。

——威廉·江恩

无论投资或投机，投资者都要面对同一个问题，就是如何可以在市场中持久地获取利润。在市场中，经常会有幸运儿出现，但幸运之神并不会永远眷顾，通常这一批幸运儿都经不起时间的考验而被市场淘汰。真正经得起时间考验的，乃是一批拥有特定的买卖规则，并能身体力行的投资者。作为江恩理论最后的一章，笔者希望给予读者一些实际应用江恩理论于投资买卖方面的诀窍。

在应用江恩的 12 条买卖规则时，投资者一般会遇到不少实际的买卖技巧及风险管理问题，以下介绍江恩的看法。

一、江恩七个买卖策略

江恩的重要买卖策略可总结为 7 条：

第一条：市场创新高时买入，或者突破旧有顶部时买入。

第二条：市场若上破旧有市场底部，亦是买入的机会。

第三条：当市价下破旧有市场顶部时卖出。

第四条：当市价创新低时，是卖出的信号(图 11-1)。

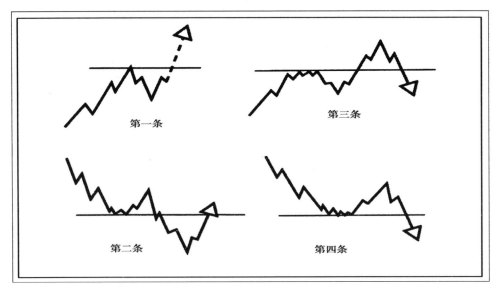

图 11-1　重要买卖策略

作为一个整体的买卖策略，投资者可待市价突破了新高或新低某个幅度，又或收市价为新高或新低价时才做出买卖。

第五条：收市价最为重要(图 11-2)。

当市场波动十分快速时，投资者可待收市价高于旧有市场顶部，或低于市场顶底部时，才做出买卖。投资者要特别留意日线图、周线图以及月线图的高低位，若收市价突破高低位愈久，转势的重要性便愈大。此外，投资者可待市价突破高低位后的回试或后抽时才入市买卖，以策安全。当然，止损盘是不可或缺的安全措施。

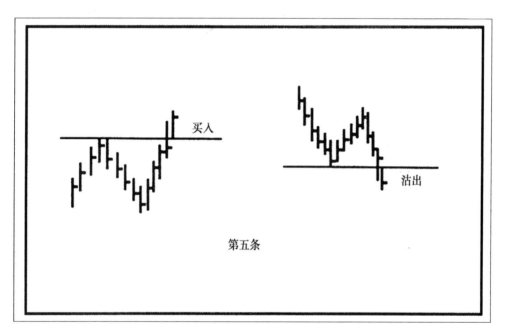

图 11-2　收市价为准

第六条：当投资者落单入市的时候，止损盘的指示必须同时给予经纪，不应有所迟疑。

第七条：风险资金。

在市场买卖，风险永远存在，因此，投资者必须知道所能够损失的资金有多少，不要让一次买卖给你清仓。

一般而言，每一次入市买卖，不应损失超过投资资金的$\frac{1}{10}$。如果你遇到1～2次的损失，应减低买卖的注码。

从江恩的7条买卖规则中，大家会觉得江恩入市十分"大胆"，不论市场到达何种水平，都可破位入市，勇猛非常，不过他亦有一套控制损失的方法——止损盘及资金的管理，甚值得借镜。

江恩的买卖技巧主要以突破(Breakout)及顺势(Trend Following)的方法买卖，就是在市场的强点入市；当然这种买卖方法随时会遇到假突破的走势陷阱。

不过，走势陷阱不应成为放弃利用突破方式买卖的原因，因为只要10次里面有6次真突破，4次假突破，中线买卖已有利可图了，更何况顺势做破位买卖，趋势在投资者的一边，有智慧不如乘势。

此外，若投资者真的遇到假突破，则止损盘将可限制损失，给投资者保留另一个入市的机会。

二、如何厘定止损盘

究竟止损盘如何厘定，这里学问甚多，止损盘的摆设太近现价的话，市场的波动随时会不明不白地吃掉止损盘；但止损盘设于太远的话，则有等于无，并不能有效地趁早止损(图11-3)。

根据江恩的经验，投资者的止损盘，可根据以下的方法制订：

(1) 止损位设于对上一个波动的底部或顶部之外。

(2) 止损位可设于旧有的市场顶部之上或市场的底部之下。

(3) 止损位可设于日线图、周线图或月线图的收市价之下。这种方法，会比将止损位设于日线图、周线图或月线图的高位或低位外安全得多。

(4) 在设置止损盘时亦甚有学问，江恩认为投资者不应将止损盘直接设于市场顶(底)之外，通常应在突破后预留一些空间，这个空间的多少，视投资市场的水平及波幅如何。

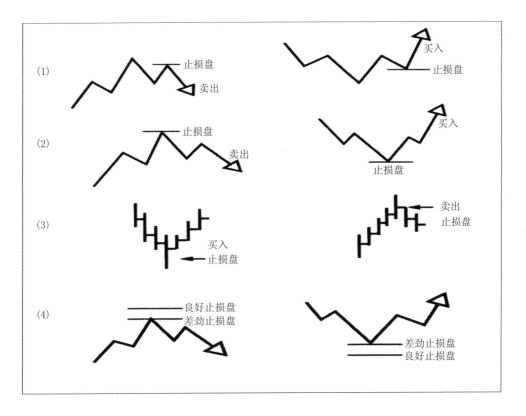

图 11-3　止损盘位置厘定

　　对于上述 4 点止损盘订定的方法，笔者的补充是：若市场的波幅太大，则止损位的设定便会相当远，风险相对亦大增。因此，投资者便应利用风险资金管理的原则去设计止损盘。例如每次买卖不应损失超过某个数目。

三、买入及卖出策略

　　在根据江恩建议的入市策略买卖前，有 3 个买入及卖出的方法可做补充。

1. 3点买入策略

第一，在旧有顶部或底部之上买入。这个原则是，当市况处于极为活跃的上升趋势阶段，市价若调整至旧有的顶部或底部，可入市买入。若市价下试这些水平两至三次都不破，将证明这是一个安全的买入点。不过，若市价第四次下试这些水平时，则市价甚有可能下破支撑，不宜买入。当然，在入市之后必须设止损盘于支撑位之下。

第二，当市价上破对上一个顶部或数星期以来的一连串顶部，将表示上升趋势出现，是一重要入市点。

第三，江恩认为，最安全的入市点应为市场的时间及价位"超越平衡"。这个重要观念的要点有二：

（1）当市价上破周线图上的顶部，而该上越的幅度超过由市价顶部以来的每一个反弹的幅度，则投资者可待市价调整时买入。

（2）当市价在最低位处反弹，反弹的时间超越跌市以来的最长时间的一次反弹，则可考虑下跌趋势已经改变，投资者可待市价出现调整时买入。

江恩的3点卖出方法与3点买入方法十分相似，仍然以跟随趋势买卖为主。

2. 3点卖出策略

第一，市势向下。当市价反弹至市场旧有顶部或旧有底部时，可进行卖出。市价上试这些阻力两至三次不破的话，是安全的卖出点。不过，若市价第四次上试这些阻力，则上破的机会便会相当大，切忌再入市卖出。卖出后，要将止损盘设于阻力之上以保障空仓。

第二，当市价下破上星期的底部以及数星期内的底部时，是卖出的信号。

第三，最安全的卖出点。当市价下破数星期以来的底部或对上一次反弹的底部时，表示趋势向下。投资者可待突破后反弹时入市卖空。

此外，当市价下跌的幅度大于升市时任何一次调整，或见顶前最后一次调整的幅度，都表示升市已经完结，投资者可入市卖空。

时间方面，当市场调整的时间比之前升市时任何一次调整都大，或比见顶之前一次调整的时间为大的话，表示市势已经逆转向下，是一个卖出的机会。投资者可以趁市势反弹时入市卖空。

上述 3 点，乃是应用江恩以下的两个重要原则而制订的：

(1) 顺势买卖；

(2) 以时间及价位"超越平衡"以确定转势。

四、图表形态信号

一般人了解的江恩理论是以时间周期及价位比率为主。不过，实际上，江恩决定时间及价位比率是否对市场起作用时，仍然十分注重图表形态上的信号。

他指出，历史是不断重复发生的。因此图表形态对后市的含义亦是有迹可寻的。当市场完成收集与派发的过程后，市场一旦超越图表形态上的突破点，市势将见快速的波动。

1. 见底形态

江恩的形态分析十分简单，都集中在转势形态方面的考虑。见底的形态主要有以下几种(图 11-4)：

(1) 尖底形态(V 底)：这种形态是市场暴跌后急促反弹，反映大户在低位大手吸纳，扭转市场的下跌趋势。

(2) 平底形态(U 底)：这种形态是市场在底部维持 3～10 星期的窄幅上落，当市价突破波幅的顶部，市价便见底回升。

(3) 双底形态(W 底)：当市价下跌营造第一个底部后，市场反弹 2～3 个星期，之后再向下试底，若市场在上述水平守稳，市价上破之前的反弹顶部，便形成一个双底，在突破点买入最为安全。

(4) 三底形态(WV 底)：市场 3 次下试相同水平后反弹，若上破第二个顶部，便是市场的入市点。

(5) 四底形态(WW 底)：市场 4 次下试相同水平不破，只要市价上破四底形态的第三个顶，便是市场的入市点。

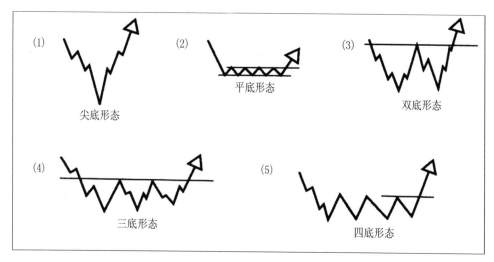

(1) 尖底形态

(2) 平底形态

(3) 双底形态

(4) 三底形态

(5) 四底形态

图 11-4　见底形态

2. 见顶形态

据江恩的经验，市场见顶时，有以下的形态可供观察（图 11-5）。

(1) 尖顶(A 顶)：在一个 17～26 星期的中长期的升浪结束时，市场经常出现一个尖顶形式的转向。卖空的入市点通常是第一个急跌后反弹时，或反弹完成并下破第一个急跌后的底部之时。

(2) 平顶(⊓顶)：市场在升市后横行一段时间，形成多个细小顶部，当价位下破多个横行的底部时，便是卖空的信号。

(3) 双顶(M 顶)：市场上升了一段颇长的时间后，调整 3～7 星期，之后再试高峰，形成两个顶部，当价位下破对上一个底部时，便是卖出的信号。

(4) 三顶(MA 顶)：市场经过长时间上升，之后出现三顶，多数会是一次大型调整的先兆，以一顶低于一顶尤甚，市场下破对上一个底部，乃是卖出点。

(5) 四顶(MM顶)：与前者相同，价位下破最低一个底部，是入市卖空的信号。

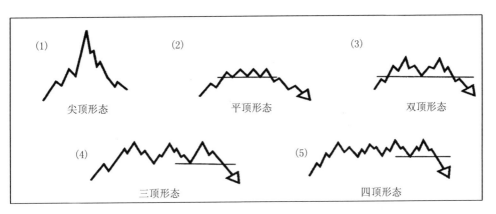

图 11-5　见顶形态

在研究转向形态之前，分析者必须留意江恩的趋势分段论，他认为一个升市或跌市都通常有3°～4°升浪或跌浪，因此在分析转向形态时需要预先确定市势已处于第三或第四段浪，才不致分析出错。

3. 转势的确认

当市场的时间周期，支撑及阻力位都到达重要的阶段，一个大转势随时展开，究竟有什么信号可以确认转势将会出现呢？

在江恩的买卖技巧里面，有3点重要原则以确认市场转势：

(1) 反转信号日(即高开低收的单日转向)；

(2) 裂口日；

(3) 停版日。

由于现时大部分活跃的市场已经取消停版的制度，因此，用以确认转势的短线信号便只余下两种而已。

反转信号日的意思是，当天价位开市时比对上一日的高位为高，并创出新高，之后，市势回落，并以接近全日低位收市(图11-6)。

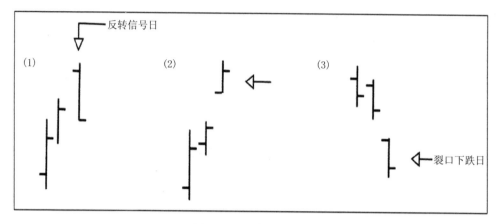

图 11-6 反转信号日

　　裂口日的意思是当天开市价高于对上一个交易日的高位，而全日的买卖也未能在开市价与昨天高位之间进行，此为价位的真空地带，这天为裂口上升日。相反，当天开市价下跌，全日与昨日的低位间出现买卖的真空地带，这天则为裂口下跌日。

　　根据江恩的经验，若一个市场趋势持续了一段时间后，市场若出现一个反转信号日，而这天又是一个裂口日的话，将强烈表示市况可能会出现短期的逆转。此外，若下一个交易日市场填补了该裂口，将证实该裂口乃消竭性裂口，市势将见顶回落。

五、江恩的移动平均数

　　在江恩的著作里，他经常讨论市场的移动平均数，不过读者要小心分辨，江恩的移动平均数并非目前技术分析方面所惯用的移动平均数。江恩的移动平均数的意思是该星期或该月份的高低波幅的中位数。

　　在江恩的分析方法中，他对中位数的确情有独钟，他认为该中位数可给予一个十分重要的后市启示，他的规则是：

　　(1) 当收市价收于中位数之上时，表示市势仍然向上；相反，收市价收于中位数之下时，表示市势仍然向下。

(2) 当市场收市价连续数个星期均收在中位数附近，表示市场正在凝聚力量，市场将出现新的趋势。若市价向上突破，成交量增加，表示下一个星期的中位数将会上升，市势向上。

(3) 当市价在高位大幅上落，成交骤增，最后收市价低于市场的中位数，并接近全周低位时，这表示市场已经见顶，进入转势之中。

(4) 在市场见底时，通常都会有以下两种情况：

① 在市场下跌时成交量缩减，之后市势出现反弹，周线图的收市价高于中位数，成交相应增加，便是一个见底回升的信号。

② 市场大幅下挫，成交量大增，波幅扩大，之后，该周收市价却回升至该星期的中位数之上，便是市场见底回升的信号。

六、如何处理支撑及阻力位

如何决定一个水平是否真正的支撑及阻力位，是最考验炒家功力的地方。有时我们阅读一些技术分析的文章或电子信息的市场评论，分析者经常会列出数个支撑及阻力位，破这个阻力位便去那个阻力位，若那个阻力位又破时，市场便会试下个阻力。毕竟，在一天之中，支撑位及阻力位只有一个，就是当天最低位及最高位，其余的都是失去意义的支撑及阻力位。因此，若我们要追求在技术分析上达至更高境界的话，我们只可以说，在某个时间内，市场的支撑及阻力应为哪个水平。

1. 找出支撑及阻力

江恩认为，若要找出市场的支撑及阻力位，可以应用以下 9 点：

(1) 由市场顶部或底部延伸过来的角度线。

(2) 由市场顶部或底部延伸过来的水平线。

(3) 时间循环。

(4) 由市场重要顶(底)部的 X 轴延伸而来的角度线。

(5) 由双底(顶)或三底(顶)延伸过来并相交的角度线。

(6) 市场的双底(顶)，或三底(顶)水平。

(7) 市场过往的阻力位。

(8) 成交量大的一天的高低位。

(9) 当时间与价位平衡的时候。

不过，即使经过上面 9 点的应用，我们仍会遇到一个问题，就是如何判断市场在预测的水平上是否真正遇到支撑或阻力？对于江恩理论者而言，这个问题十分重要，因为江恩提供了不少计算市场支撑或阻力的方法。

2. 计算市场的支持及阻力

在这方面，江恩有 4 个方法提供：

1) 观察收市价

江恩认为，一年、一季、一月、一周及一日的收市价是甚为重要的参考水平，若市场的收市价处于中位数之上或接近市场顶部，均显示市价会继续上升。

若市价上破了一条江恩线或阻力位，但收市价回落到阻力之下，市场皆未算突破阻力。换句话说，市场突破支撑或阻力与否，要视收市价而定。

2) 观察开市价

市场最喜欢在支撑及阻力位前收市，然后以裂口的方式超越市场的支撑及阻力水平，这通常表示市势甚强。

3) 观察 3 天收市价

当市场收市价连升 3 天，通常表示市势会进一步上升，但这规则只适用于活跃的市势。在这情况下，破位的机会便十分大。

4) 观察 7～10 天收市价

在大部分的市况下，若市场收市价连升 10 天或连跌 10 天，市场都会出现一个短期的逆转。若市场在这时到达支撑或阻力，市场逆转的机会更大。

七、总结买卖前如何部署

江恩理论尽管艰深难明，但应用理论于市场买卖实践时，江恩的买卖规则却极为清晰明确。

1. 入市前十点考虑

总结而言，江恩建议在入市买卖前有十点必须小心检查，再做出买卖决定：

（1）时间周期——投资者必须首先确定大市是牛市还是熊市，趋势是上还是落。

（2）个别走势——对于股票，投资者必须断定该股票是上升年还是下跌年，对于货币，投资者亦需决定该年相对美元是上还是落。

（3）计算由重要顶部或底部至今是多少个月。

（4）计算由重要顶部或底部至今是多少个星期。

（5）留意市价是否到达某个市场趋势的中间点。

（6）当市势在窄幅内运行数星期或数月时，可留意市场价位的形态以决定突破的方向。

（7）留意成交量的走势，特别是过去数月或数星期的变化。

（8）留意市场出现调整或回吐的价位幅度，一般而言，若月线图、周线图以及日线图均指向同一趋势，则可待调整至以往相约幅度时入市顺势买入，并将止损位设于该幅度之外。

（9）投资者必须有明确的信号，才入市买卖。

（10）永远要在市场找到止损位，才可入市买卖。

作为一位成功的投资者，需要有勇有谋，除了掌握重要的市场知识外，一套良好的风险管理谋略，以及正确的投资心态，是不可或缺的。

2. 江恩 21 条买卖守则

在结束本书前，笔者借用江恩的 21 条买卖守则与各位互勉：

(1) 每次入市买卖，损失不应超过买卖资本的 1/10。

(2) 永远设下止损位。

(3) 永不过量买卖。

(4) 永不让所持仓盘转盈为亏。

(5) 不逆市而为。

(6) 有怀疑，即平仓离场。

(7) 只在活跃的市场买卖。

(8) 永不限价出入市，要在市场中买卖。

(9) 如无适当理由，勿将所持仓盘平仓，可用止赚位保障所得利润。

(10) 在市场连战皆胜后，可将部分利润提取，以备急时之需。

(11) 买股票切忌指望收息。

(12) 买卖招损失时，切忌加码。

(13) 不要因为不耐烦而入市，也不要因为不耐烦而平仓。

(14) 肯输不肯赢，切戒。

(15) 入市时落下的止损盘，不宜胡乱取消。

(16) 做多错多，入市要等候机会，不宜炒卖过密。

(17) 买卖自如，不应只做单边。

(18) 不要因为价位太低而吸纳，也不要因为价位太高而卖空。

(19) 避免在不适当的时候以金字塔式加码。

(20) 永不对冲。

(21) 如无适当理由，避免胡乱更改所持仓盘的买卖策略。

第十二章

江恩生平事迹及著作概念

我相信在书中所写的理论及规则，让你跟随，因为我已测试过，并且证明过。

——威廉·江恩

有鉴于不少读者都对江恩的生平事迹及原著内容存在广泛的兴趣，以下在原版之上加插一章，速读江恩多姿多彩的一生，以及其著作的概要。

于1878年6月6日，威廉•江恩(William Delbert Gann)出生于美国得克萨斯州(Texas)的路芙坚镇(Lufkin)。他的父母是来自爱尔兰的移民，父亲是森姆•侯斯顿•江恩(Sam Houston Gann)，母亲是苏珊•利碧加•江恩(Susan Rebecca Gann)。江恩的父亲是一位教师，并从事买卖马匹及羊只生意。江恩是长子，并有8个弟弟及2个妹妹。

江恩自幼家贫，一家大小在里斯河棉花种植场中居住，接近安祖莲娜郡(Angelina County)的棉花工场。

江恩小时候刻苦好学，曾连续三年需要每天步行7里到路芙坚镇的学校上课。据说他在上学时已表现出数学方面的天赋。不过由于农场的工作关系，据其孙儿小约翰•江恩所述，江恩未有正式完成文法学校或高中课程。在16岁时，江恩正式获批准离开学校开始全职工作。

受母亲的影响，江恩在基督教循道会的背景下长大，自小熟读圣经，对江恩后期的理论发展影响很大。

江恩少年时的第一份工作是在来往得克萨斯州得萨肯娜(Texarkana)及戴拿(Tyler)之间的火车上当卖报童。在少年时代，江恩大部分时间都留在棉花种植场内工作。

1901年，江恩时年23岁，他开始在得萨肯娜的经纪办事处工作，并与首任太太云娜•美•史密斯(Rena May Smith)结婚。

1902年，江恩时年24岁，并第一次参与棉花期货商品买卖，初尝胜利。同年，江恩的第一位女儿罗娜(Nora)出生。

1903年，江恩曾短暂移居纽约。

1905年，江恩的第二个女儿马斯•芭莉(Macie Burnie)出生。

1906年，江恩时年27岁，移居到俄克拉荷马市(Oklahoma City)另创新天地，并在经纪公司担任经纪人，为客户及自己买卖。江恩的名字在美国西南部渐渐为人们所认知，在当地一份报章《每日得萨肯娜人》(The Daily Texarkanian)曾撰写专文论述江恩对棉花市场的预测。

1907年，江恩开始在股市及期市的预测中赚大钱。

1908年，江恩时年30岁，移居到纽约市百老汇大道18号开设他的经纪办事处，同年，江恩发现了他的"主要时间因素"(Master Time Factor)的市场分析及预测方法。据说在此年，江恩有两个买卖户头，第一个以300美元开始，在三个月内将资金增长至25000美元。第二个户头以130美元开始，在30天内赚取了12000美元，成绩惊人。

在私人生活方面，江恩与首任太太离婚后，与19岁的莎迪·哈莉花(Sadie Hannify)结婚。

1909年，江恩与莎迪的第一个女儿惠玛(Velma)出生，而江恩在市场中亦开始为人所认识。

1909年10月，江恩时年31岁，财经杂志《报价与投资文摘》(The Ticker and Investment Digest)的著名编辑李察·D.卫高夫(Richard D. Wyckoff)邀请江恩做访问，以考察江恩一个月的交易能力。在杂志工作人员的监察下，江恩在25个交易日内共买卖股票286次，当中264次赢，22次输，92.3%的买卖获利，买卖资本增长10倍。文章发表后，不少人士询问他如何做到上述成绩。江恩的回答只有一句：他是根据波动的法则(The Law of Vibration)做出所有的计算。

同年12月，美国《商业西部》杂志及其他报章亦相继刊登文章讨论江恩的投资买卖。

1910年，江恩出版小册子《投机：一种赚钱的专业》(Speculation a Profitable Profession)。同年，江恩开始推出投资通讯，如《大忙人通讯》(The Busy Man's News)及其后著名的《供应与需求通讯》。

1914年，江恩时年36岁，他预测到第一次世界大战及股灾。

1915年，江恩与莎迪的儿子约翰·江恩(John L. Gann)出生。

1918年，江恩时年40岁，他将办事处迁至纽约新街81号，在 20 世纪 20 年代则迁往百老汇大道 49 号。往后，他在华尔街设有多个办事地点。

尽管江恩这时已声名大噪，但他亦有其事业的高潮及低潮，相信最大的打击来自经纪及银行业本身。

在 1913 年及 1919 年，江恩经历了两次经纪公司的倒闭，令他蒙受损失。此外，他亦牵涉进两间银行倒闭的影响中。值得注意的是，1914～1918 年是第一次世界大战时期，市场凶险程度可想而知。

除了市场预测外，江恩亦精于事件的预测。在 1912 年，江恩成功预测美国总统威尔逊(W. Wilson)当选。不少江恩的预测都在美国全国刊登。

江恩的另一个重要预测在 1918 年春天，当时他成功预测第一次世界大战结束及德王凯撒(Kaiser)退位。同年年尾，江恩预测美股的大牛市将在 1919 年出现，并特别推荐石油股，市况亦在 1919 年得到印证，江恩在 1918 年的预测在美国主要刊物，包括《波摩期刊》(Beaumont Journal)、《侯斯顿邮报》(Houston Post)及《纽约邮报》(New York Herald)均见广泛报道。

1918 年 12 月 16 日，江恩发表了 1919 年的全年股市预测，他指出，1919 年的美国股市处于上升的周期，但亦有下挫的时间。他指出，美国在 4 月、8 月及 9 月与外国将见纷争，引致股市波动。

回顾历史，1919 年 2 月美国股市开始上升，11 月 10～20 日下挫，反映江恩预测的准确性。

1919 年，江恩时年 41 岁，已经发展出一队市场分析与出版队伍，所成立的公司包括江恩科学服务公司(W. D. Gann Scientific Service, Inc.)及江恩研究公司(W. D. Gann Research, Inc.)。出版的投资通讯包括：

(1)《供应与需求通讯》(Supply and Demand Letters)，包括：

每日股票通讯；

每周股票通讯；

三周股票通讯；

每日商品期货通讯；

每周商品期货通讯；

三周商品期货通讯。

(2)电报服务，包括：

每日股票电报服务；

每日棉花电报服务；

每日谷物电报服务；

股票及商品的重大变动电报服务。

(3)预测服务包括：

每年股票预测；

每年棉花预测；

每年谷物预测；

每年橡胶预测；

每年咖啡、蔗糖及可可预测；

每月初发表预测特刊；

按要求的特别股票及商品预测。

(4)分析图表服务，包括：

股票及商品的每天、每周、每月及每季的波动图表(Swing Charts)。

(5)投资分析课程，包括：

掌握预测方法(Master Forecasting Method)，课程费用 2500 美元。

新机械式方法及趋势指针(New Mechanical Method and Trend Indicator)，课程费用高达 5000 美元。

(6)大忙人服务。

个人买卖的咨询服务，包括透过信件及电报的咨询服务。该服务是按 1 个月、3 个月、6 个月或每年收费，另有分成计划，客户付出较低咨询费用，但收取买卖利润的 5%。

在 1919 年，江恩预测 1920～1921 年将会出现急速下跌的熊市。江恩 1921 年正确预测的该年 8 月多只股票见底的日期，道指由 1920 年 1 月 3 日的 109.88 高点开始，进入大幅下滑的熊市，最低于 1921 年 8 月 24 日见 63.90 点，见底月份与江恩预测的一样。

1922 年 12 月，江恩时年 44 岁，他接受《早晨邮报》(Morning Telegraph)的财经编辑亚瑟·安祖(Arthur Angy)的访问。该文作者比较江恩 1921 年时所做的 1922 年市场预测与 1922 年的实际市况，对江恩的准确预测及数学计算感到惊讶。

1923 年 3 月，江恩接受《波士顿晚间邮报》(Evening Telegram)的访问，该文作者引述江恩的追随者的话说，江恩的预测准确度达 85%。另外，他更利用数字及字母预测美国总统选举的结果，及为政经要人提供预测。

1923 年 1 月，江恩已出版了他的第二本著作《江恩股市定律》(The Truth of the Stock Tape)，此书成为华尔街的热销财经书籍多年，亦为江恩其中一本最重要的著作。此书由江恩自己的出版公司"财务监护人出版公司"(Financial Guardian Publishing Co.)出版及销售。在序言中，江恩指出："我相信在书中所写的理论及规则，让你跟随，因为我已测试过，并且证明过。"

此书内容在今天来说可谓老生常谈，不过在 20 世纪 20 年代，则可说是相当前卫的作品。由书中的论述，读者大概已了解江恩当时已是一位极富经验的分析师。

此书分为四部分：第一部分是如何准备买卖；第二部分是如何买卖；第三部分是如何决定股票的情况；第四部分是商品买卖。

在书中，江恩花了不少篇幅讨论投资者看股票报价时经常出现的毛病。他指出，股票报价告诉你市场的真理，如果你能够正确理解的话。换言之，除非你有过人的意志力及观察力，否则一般人很难从报价带中看出市场的趋势。江恩认为，投资者最重要是认识自己的弱点，并必须具备四大素质：

(1)耐性——等候机会，耐心持仓。

(2)勇气——勇于面对挫折，从失败中学习，看准机会，屡败屡战。

(3)知识——从经验赚取知识，知识胜于资本。

(4)健康与休息——健康与休息是准确判断所需要的。江恩建议一年至少两次完全平仓，并离开市场休息，使头脑清醒。

在书中，江恩认为投资者要留意买卖活动的七个间距，中间的是正常间距，即反映内在值的水平；上面三个间距是投机性的间距；而下面三个间距是恐慌性的间距。

另外，江恩亦认为投资者要留意不同股票有不同买卖习惯，有些急跌急涨，有些形成双顶或三顶等，不一而足。股票的支持及阻力位亦需要从长期图表上观察。

对于股票的买卖，江恩有他自己的看法。对于新股，他的态度比较谨慎。他认为新股多数在市旺时上市，人人争购，因此多以高价供认购。所以，投资者购买新股时要小心，当股价开始下跌时要尽快撤退，甚至卖空。

对于旧股，他的看法是永远不要在股价太高去买或太低去卖空，他指出，大钱往往是在牛市最后阶段赚取的，而在熊市最后阶段卖空亦大有利可图。

有一点很有趣，江恩指出有些股票是永远与你为敌的，无论你买入或卖出，如何分析都赢不了。江恩的建议是少沾手这些股票为妙。他知道原因，但他认为读者不会相信。

在选股时，江恩认为首先要留意行业，在找到领先的行业后再挑选行业中的领先股，但在买卖时仍以个别股票的走势为判断的基础。在挑选领先股时，当以股票的走势比较出谁是领先股。

除了著书立说外，江恩继续参与买卖。据报道，在1923年间，江恩在60天内，将资金由973美元通过棉花买卖增值至30000美元！当年，棉花在8~10月间上升了17美分一磅，是十分大的升幅。

在1924~1925年的预测中，江恩再次成功地预计牛市的出现。实际上，道指1924年低点在5月20日的88.33点，之后一直上升至1925年最高点11月6日的159.39点。

在期市方面，江恩预测1924年小麦价格大升。在1925年末，他发表预测，1926年棉花价格将见大幅下跌。

及至1926年12月，棉花下跌至每磅12.5美分。江恩发表一篇名为《棉花大王将重夺皇冠》的文章，在美国南部多份报章刊发。该文章预测棉花在1927年出现大升市，并在1927年9月到达全年高位。结果，棉花在1927年9月果然升至24.5美分一磅，江恩预测再一次得到市场的确认。

1927年5月，江恩时年近49岁，江恩出版了一本科幻爱情小说，名为《时空隧道或从1940年回顾》(The Tunnel Thru' the Air, or Looking Back from 1940)。此书数十年来不断有人尝试破解其中秘密，因为江恩在序言中开宗明义的表示，《时空隧道》一书隐含珍贵的秘密，以文字的面纱包藏着。读者第一次看，会对内中的爱情故事及情节感兴趣。第二次看的时候，读者会找到一些隐藏的意义，并引发读者有意将所得的知识变为行动。第三次看的时候，读者会希望将其梦想成真，并寻找如何将知识变为行动。当第四次看的时候，曙光将露。

此书讲述主角罗伯特·哥顿(Robert Gordon)的传奇故事，部分内容似反映江恩自己的成长故事。

罗伯特生于1906年6月9日，在美国得州的棉花场长大。罗伯特的母亲自幼教导罗伯特熟读圣经，而罗伯特最终从圣经中领悟到周期理论，而他亦从圣经中知道世界末日将会发生。

在教会中，罗伯特认识美丽的富家女玛莉·史丹顿(Marie Stanton)，并与玛莉坠入爱河。

在高校毕业后，罗伯特的父亲去世，罗伯特开始工作。他从圣经中发现，一场世界性大灾难将会在1927年开始发生，直至1932年，而美国将会面对历史上最大的战争，全世界的国家将起而攻击它。全世界攻击美国的原因是美国自第一次世界大战后极其繁盛，积聚了大量黄金的供应，因而令其他国家极其嫉妒。罗伯特认为只有发明现代武器，才能免于战败。此外，他亦由圣经中发现周期理论，令罗伯特可以从市场中赚到资金，以为战争做准备。

罗伯特应用周期理论在市场买卖棉花、玉米及小麦等商品，获利甚丰。他向玛莉求婚，并私奔至圣路易市准备结婚。但在到圣路易市的火车的晚上，玛莉离奇失踪，令罗伯特极其难过。

罗伯特收拾心情后，继续在商品及股市上买卖，并着手兴建第一艘按圣经《以西结书》所形容的飞机。此飞机有 4 只翼及 12 个引擎，拥有一个"轮中之轮"可垂直升降。此外，罗伯特建造了一个灭声器，以控制声音。他认为这两项发明对于将要来临的战争极其有用。

其后，罗伯特又发明了一个"读心机"，能够阅读人心所思所想。罗伯特与友人又发明了"太阳镜"，此镜可以收集太阳光线发热，足以在数分钟内溶解高楼大厦，并由此发现了"死光"。他将此发明命名为"死神"。最后，罗伯特发明了一艘超级飞船，可在 700 里范围内发射死光至 3000～5000 里，此飞船被命名为"怜悯的天使玛莉"。另外，他亦发明了有隐形作用的光波机。

英、俄两国的战争终于在 1928 年爆发，罗伯特知道战云已开始笼罩美国。1930 年，日本及西班牙向美国宣战，罗伯特及友人华德报名参加空军。1931 年，英、德、意、奥以联军攻击美国，而法国亦加入战团。联军向美国下最后通牒要求美国投降。在最后关头，美国召开联合战争议会，并推举了罗伯特为最高统帅，领导抗敌。

罗伯特提出抗敌大计，就是建造一条"空间信道"，使战机可以安全飞到敌国进行攻击，并安全驶回。此信道由光波组成，信道中间是真空，飞机由中央控制站以无线电控制。此"空间信道"亦可用于捕捉敌方军机，当敌机飞进"空间信道"，由于信道内处于真空状态，敌机将完全失去动力。

结果如罗伯特所料，敌方战机蜂拥攻击芝加哥、圣路易市、波士顿、纽约及华盛顿，"空间信道"及"睡眠气体"一一将战机及机师制服。其后，罗伯特驾驶"怜悯天使玛莉"号进行大反击，通过"空间信道"到达敌方首都进行轰炸，迫使敌方和谈。

在罗伯特的鼓吹下，各国成立世界联合王国，以纽约为首都，世界进入和平的时代。

就在大团圆的结局时，玛莉再度出现与罗伯特重聚，原来玛莉早知罗伯特任重道远，她的失踪激发罗伯特发挥潜能，进行多项发明保家卫国，最后促成世界和平。

本书出版后，《纽约早晨电报》(New York Morning Telegraph)做出评论，并总结道："江恩先生未必成为一位成功的小说家，但他是独特的，我相信世上无人可在他的事业上与他竞争。"

1928 年 11 月 23 日，江恩发表 1929 年美国股市预测通讯，明言 1929 年下半年美国将会经历史上最大的股灾，长期牛市告终。在预测中，江恩为道琼斯工业平均指数及道琼斯铁路平均指数制作 1929 年的预测图，标示每个月的预测转折点。

在报告中，江恩指出："这年会是牛市周期的终结，并开始长期的熊市。"江恩所指的牛市是由 1921～1929 年长达 8 年的牛市，而他指出牛市终结的原因是：过度繁荣、通胀、大量分期付款、农业失收、繁荣情意结、公众信心、战争及外国竞争。

他指出，9 月份是全年最大跌幅的一个月，市场完全失去信心。"黑色星期五"将会出现，股票出现恐慌性抛售。

事实上，道指果然在 1929 年 9 月 3 日的 386.1 点见顶，之后进入长期的熊市，直至 1932 年 7 月 7 日的低点 40.56，引发西方社会经济大萧条。

1930 年 4 月，江恩时年 51 岁，该年江恩出版他的第三部著作《江恩选股方略》(Wall Street Stock Selector - A Review of the Stock Market with Charts, Rules and Methods for Selecting Stocks)，此书亦是由江恩的财务监护人出版公司(Financial Guardian Publishing Co.)出版。

此书的目的是增订前作《江恩股市定律》，并以图表回顾股市中选股的规则及方法。

在书中，江恩回顾 1814～1929 年之间的多次股灾及其中原因，以印证市场的周期。江恩更自行以铁路股价制作了一份由 1856～1896 年的股价平均指数，以补充道指在 1896 年以前的走势。江恩忠告投资者，在从前已发生的在将来亦会发生，投资者永不应该持仓而盼望。当发现持仓出错后，应放下止损盘或直接平仓，快速接受损失。按 1929 年股灾的经验，执著于己见在股市中是毫无帮助的。当持仓出错时，投资者唯一可做的就是平仓撤退，等待另一个机会或在另一些股票上做对的事。

江恩认为，人生如股票一样，都按周期运行。一般人到达自己赚钱的高峰而不知，事实上，当赚钱的时间结束，他应保持所得，而不应尝试赚取更多。个人的周期亦有其季节性趋势，数学及科学的周期决定个人的限制及时间，当人与自然法则对抗，最终必为市场的洪流所冲去。

江恩分享他自己的经验，他曾试过连续买卖 200 次而未尝一败。他亦试过在 1907 年开始损失后继续不断买卖，直至银行倒闭，他被迫平仓并承受重大的损失。他在这段时间，检讨错误的原因，并再努力研究市场。在 1908 年春天，他发展了一些规则以判断个人的周期，并重投小麦市场。他开始得到了在小麦市场的胜利，之后他再在棉花市场买卖。当时大炒家利弗莫尔(Jesse Livermore)操控 7 月份棉花合约，令江恩赚到大量利润。

江恩判断个人周期的方法十分简单，若在连续多次胜利后出现 2～3 次的损失，这表示是时候撤退，并进入休战期。在此时，他会整理市场经验，并培养市场的判断力。若他觉得自己再次看得通时，会尝试做一些小型的买卖。若不对的话，他会继续休息；若出现 2～3 次胜利的话，他会预期成功的周期已经出现并且继续买卖，直至有信号告诉他个人的周期开始转势为止。

在判断股票的趋势时，他认为最理想的图表是周线图、月线图及年线图。而年线图及月线图是最佳的反映趋势图表。至于日线图方面，江恩则认为如海洋中的涟漪，不能够有效反映趋势。

对于股票日线图的分析，江恩最重要的理论是不应走在市场之先。江恩认为投资者应等待市场在底部 2～3 天停留才考虑买入，或在顶部 2～3 天停留才考虑卖出。分析股票周线图方面，江恩的理论是看停留 2～3 个星期才入市买卖。月线图方面，江恩认为强股不会有超过一个月的调整，因此，买入时止损位可放在当月的最低位。

对于市场短期转势的时间，他有一套特别的看法：

(1)在一星期里面，重要的转势经常发生在星期一的第一个小时，原因是公众的交易量一般在周一早上最大。另一个重要时间是周三下午或周四早上第一个小时。下一个重要的时间是周五早上。在一周收市前，不少投资者会决定是否继续持仓。

(2)在一个月里面，江恩认为重要的转势日期经常发生在每月的1～3日，原因是投资者收到月结单后多数会决定持仓的去向。10日及15日是另外重要的日期，而20～23日是重要的时间，以观察转势。

(3)在每年里面，江恩认为从前高低位后的一年是重要的日期以观察转势，其次是3月、6月、9月及12月。

在论及选股的方法时，江恩提出以下观察：

(1)长期持股——江恩指出，不以借贷长期持股看似安全，但其实最重要是选对股票的周期，有不少股票长跌不起，对长期持股者其实不利。

(2)正常或平均波动——江恩认为，投资者最重要是留意股票的平均波动幅度，一旦股票超出这些幅度，就反映有大行情出现。

(3)更高的底或更低的顶——买股最重要是追随趋势，江恩会选择在多个更高的底出现后买入，或在多个更低的顶出现后卖出。

(4)常见买卖价——江恩相信，投资心理经常围绕一些常见的价位，一般人的思想是以5及10的倍数为基础。江恩认为，常见的买卖价位在25、40、50、60、75、100、150、175、200、210、225、240、250、275、300、325、350、375及400。江恩举例，若股价升过200元，他会观察股价来回7～10点，并两三次来回202元或203元。若股价第三次升过200元，而成交量大，则他会买入，预期股价升至210元，或至225元。当回落至215元后在第二至第三次上破225元，他会买入，并预期240～250元。

(5)价位愈高，升幅愈快——据江恩观察，股价若在100元之上，股价波幅会愈大，因为不少大户都买卖高价股，而散户参与则愈少。股价愈高，市场信心及购买力愈大。对于波幅大的股票，或是新股，庄家将股票推高以吸引投资者注意；或是多年旧股，由于有业绩及派息支持，不少大户收集，令市场流通量愈来愈少，有利庄家可容易推高股票。

(6)从前高位或低位——当股价升破从前高点或跌破从前低点，都是买入及卖出的时机，而止损位可设于回吐的低点或反弹的高点。

(7)"三"的规则——在书中，江恩披露一项可在活跃的股票中赚大钱的方法，他称之为"三"的规则。江恩指出，有投资者用高达1000美元(1930年价值)以换取这项"三"的规则。这项规则是：

①若为强势股，该股不会有3天连续下跌。若出现，即表示有短期转势的机会。

②在弱势股中，若该股连续3天上涨，即表示趋势短期转升。

江恩指出，"三"的规则可应用于周线图及月线图。

(8)成交量——江恩认为，牛市成交量大，熊市成交量小，是不二的规则。当市势向上，成交量必大；当市势向下，成交量会收缩，上述规则适用于日线、周线、月线及年线图。

(9)当股票在极强或极弱时——江恩认为，当股票处于强势时，切忌抛空，并应候回调时买入；当股票处于极弱势时，抛空比买入更为安全。

(10)何时决定卖出——股票在牛市的初段多数慢慢爬行，并上下波动，但当到达最后的上升或沸点时，股票会出现急升。江恩的规则是：以止损盘跟随市况上升，直至到沸点为止。不少股票的急升期长达6～7个星期，甚至达10个星期，成交量亦相应大增，反映买卖活跃程度；而该股亦受到传媒追捧，有利大户派货。上述亦适用于熊市时，股价下跌6～7个星期，并成交大增。

(11)横向市况——在股票横向运行而缺乏方向的时候，江恩的忠告是避免入市，直至市价突破波幅范围，创出新高或新低，投资者才可按趋势入市。所谓突破，是指超出3个点的意思，这有利入市后止损盘的摆放。

(12)双数的买卖——江恩认为，在落盘买卖时，应避开双数的价位，例如：若希望在12.00元买入，落盘时应以12.10元落盘；若希望在12.00元卖出的话，落盘时应以11.90元落盘。他的论据是，大部分人都以双数或整数为买卖基础，令双数或整数成为自然的支持或阻力。

(13)股价高与低——一般人买卖股票总喜欢先判断股价的高低，但江恩多次强调，你必须学习忘记股价的高或低，最重要是跟随趋势买卖。当趋势向上时，股价永不会是太高，因为高处还有更高；当趋势向下时，股价永不会是太低，因为低处还有更低。

(14)股票的流通量——江恩认为，股票的流通量对选股有一定的影响。流通量，是指股票在公众手上的比例。江恩认为，若要买，投资者可选择流通量低的股票；若要抛空，投资者应选择流通量高的股票。以上规则的原因是，若股票流通量低而趋势向上，反映卖出力量小，不少货源已在强者手上，有利股价进一步上升。相反，若抛空股票时，如遇到流通量低的股票，则股票容易被挟空仓。

(15)在牛市中买落后股——江恩指出，市场最大的错误莫过于在牛市的末段中尝试追买低价落后股，期望当高价股完成升浪后会将资金转投低价落后股。事实上，在大部分牛市中，高价股是牛市最后一批上升的股份；而有不少低价股根本没有上升。因此，在选择低价股时，必须基于低价股出现突破性的趋势才入市，投资者不应凭空期望资金会转而流向低价股。

(16)如何决定领先股——江恩决定领先股的方法十分简单：成交量最大的就是领先股。若一只股票沉寂了一段长时间，之后成交量大增，投资者便可看趋势的方向而跟趋势买卖。

(17)缓慢移动的股票——不同于横向运动的股票，若有股票缓慢上升，江恩认为该等股票值得忍耐持有，因为江恩认为不少股票的上升最终会到达沸点，而大钱是在最后升幅中的3～10天内发生的。作为一个总则，股票上升或下跌6～7个星期后，应留意调整或反弹的出现，甚至转势。

(18)为何股价走向极端——当股价下跌时，投资者陆续止损或斩仓，直至炒家恐慌套现，令股价低于所值。当股价上升，市场过分乐观，资金涌入，做空者回补离场，容易令股价高于所值。因此，股价偏离所值是十分正常的事。

(19)为何低价股走势缓慢而高价股走势急促——前提是，投资大众喜欢买卖低价股，而对高价股有戒心。当股价上升，不少散户已陆续套现离场，货源渐收在大户或专业投资者手上。街货量少，股价进一步推升便更为容易，特别是股价仍然低于所值的时候。

(20)持股时限——江恩认为，时间会证明投资者的判断是对或是错。若所持股票出现突破，投资者买入后3个星期仍未有进一步趋势，投资者应考虑离场并另寻机会。

(21)受控制的股票——一般人认为，市场有一批受大户操控的股票，散户会任人鱼肉，投资者少沾手为妙。江恩的看法有些不同，他认为买卖这些股票与其他股票差不多，主要是跟随趋势而行，但最重要的是，投资者应知道何时撤退。

(22)曾经大升的股票——对于曾经出现大行情的股票，不少投资者均如痴如醉，经常期望这些股票再现大行情。不过，事实上正如火山爆发，可遇不可求，投资者不应缅怀过去，而应放弃昔日领先股，寻找市场上新的机会。

(23)新股——江恩对新股颇有戒心，他甚至指出，抛空新股较为安全，他所指的新股是上市数月至2年的股票。江恩的理由是，当新股上市时，市场多数过于乐观，但热潮过后，市场期望恢复正常，新股经常进入整固期。

(24)抛空股票——江恩对于市场看抛空股票行为的取向相当愤怒，他指出，市场官员以至传媒及散户对于抛空股票有强烈偏见，认为充满负面甚至阴谋，并伤害市场的健全。然而，市场人士却对市价升超所值未加批判。江恩认为，投资者同样可在买上或抛空中获利，应泰然处之。

(25)股票分拆及派发红股——江恩认为，公司分拆及派发红股的目的只有一个，就是将股价拆细，让更多散户买卖该股。有些公司的目的是分散股权，但另一些公司的目的则是以助卖出股票。江恩认为，不少股票分拆及派发红股后都需要一段时间派发及收集股票，因此江恩认为应避开这些股票。

(26)谁在管理公司——知道谁在管理公司，便知道该公司股票是否值得投资，好的管理人带来好的公司，坏的管理人带来坏的公司。

(27)借贷利率、债券及股价——江恩指出，投资者必须经常参考利率、债券价格与股市指数的关系，利率影响债券价格，而债券价格随后影响股价。

《江恩选股方略》出版后，得到著名报章的好评，包括《伦敦金融时报》《美国华尔街日报》《纽约每日投资新闻》《海岸投资者》及其他报章、杂志等。

在1931年10月21日发表的1932年股市预测中，江恩指出，1932年3月8日为熊市最后一个反弹的高点，之后将有另一次大跌市。

1932年2月10日，江恩开始改变立场，认为股市将要见底，并出现大幅度的反弹。到1932年6～7月，江恩强烈建议客户买入股票，并指出最后底部已经出现。在江恩的7月8日市场通讯中反映，大部分股票已到达最后的底部。

在江恩的1932年股市预测当中，他指出6月后期、7月、8月及9月是最活跃及利好的月份，急速的升市将会出现。新一个高点将会在9月20～21日出现，其后跌至10月4～5日。

回顾实际市况，1932年果然是极其波动的一年，熊市最后一个高点果然在3月8日发生，道指高见88.78点后回落，于7月8日低见40.56点，4个月蒸发50%市值。其后，道指急速反弹至9月7日高点79.93点，结束了长达3年的大熊市。江恩预测的反弹高点在9月20～21日，事实上，9月21日是第二个高点75.16点。之后，一如江恩所料，大市回软，10月10日是第一个低点58.47点，然后，大市反复回落至12月3日低位55.83点全年低位。

1932 年 12 月，江恩在《纽约每日投资新闻》发表了一篇题为"繁荣的新时代将在 1933 年诞生：研究周期的学生做出预测的宣告"的文章。该文章一经发表，美股出现大幅上升，再次证实江恩的预测。

在 1931 年，江恩成为纽约橡胶交易所(New York Rubber Exchange)及新奥尔良棉花交易所(New Orleans Cotton Exchange)的会员。据说，江恩经常亲自到交易所大堂做买卖，而他的手中常拿着一张江恩四方形图表，反映江恩四方形图表在他的短线买卖中极其重要。江恩其后亦成为纽约商品交易所(Commodity Exchange of New York)的会员。

在 1933 年的股市预测中，江恩预测全年高点在 7 月 17 日，之后会出现急挫至 7 月 21 日。在实际的市况里，道指全年的高点在 7 月 18 日的 108.67 点出现，与江恩在 1932 年底的预测只相差 1 天。之后，道指急挫至 7 月 22 日的 88.42 点，4 天的跌幅达 18.6%。这个低位与江恩的预测亦只差 1 天。

在 1934 年的预测中，江恩预测的高点在 2 月 13 日。另一个低点在 5 月 11～12 日。1934 年全年的底部在 7 月 21～23 日。之后，江恩预测的高点在 9 月 8～10 日，并调整至 9 月 17 日。进入 10 月，预测的高点在 10 月 5～6 日，而低点在 10 月 23～24 日。其后，股市会上升至 12 月 4～5 日，调整后股市会以最高位收市。

在实际的市况下，道指全年高点在 2 月 5 日的 110.74 点，5 月 14 日主要低点在 91.81 点。江恩预测的全年低点在 7 月 21～23 日，结果，全年的底部在 7 月 26 日低位 85.51 点，与预测只相差 3 天。之后，实际市况反弹至 8 月 25 日的高点 95.71 点，比江恩预测的 9 月 8～10 日为早，但其后的市况与预期一样，在 9 月 17 日低见 86.69 点，与江恩的预测完全一样。在 10 月份，实际高点在 10 月 11 日的 95.50 点，比江恩的预测迟了 5 天，低点在 10 月 29 日的 92.53 点，亦比江恩的预测迟了 5 天。进入 12 月，升市的实际高点在 12 月 6 日的 103.47 点，比预测只迟了 1 天。最后全年收市升至 103.90 点，亦创 7 月低位以来的高峰。

在 1935 年的股市预中，江恩做出以下预测，笔者将实际市况做一比较：

江恩预测 1 月高点在 1 月 9～10 日，而实际的高点在 1 月 7 日的 105.88 点出现。

预测 2 月高点在 2 月 13 日，并调整至全年低位 3 月 28 日。实际上，道指的 2 月高点在 2 月 18 日的 107.17 点；3 月低位在 3 月 14 日的 96.71 点。值得注意的是，江恩预测 3 月是全年低位，与实际市况一致。

江恩预测 3 月见底后，道指进入大升市，最少有 32 点。此外，股市在 8 月 28～29 日到达一个高点，而 9 月 12～15 日是另一个高点。之后，调整至 9 月 24～25 日。在实际市况中，道指在 3 月见底后果然进入大幅上升，8 月 26 日高见 128.99 点，9 月 11 日高见 134.01 点，之后 9 月 20 日回调至 128.42 点。

在第四季，江恩预测高点在 10 月 26～28 日，另一个高点在 11 月 15～16 日，而预测的低点在 12 月 9～10 日及 23 日，在 12 月底反弹。

在实际的市况中，10 月 26 日的 141.47 是短期的高点，而全年高点在 11 月 19 日的 148.44 点；12 月低点在 12 月 19 日的 138.94 点。上述的日期与江恩的预测十分接近，而最重要的是，江恩预测 3 月低位 96.71 点开始的升市至少有 32 点，而实际上，道指高见 11 月 19 日的 148.44 点，升幅达 51.73 点，正确预测了这次升市。

1933 年 5 月，江恩时年 55 岁，他开始了几次广泛的农产品考察旅程。据 1933 年 5 月 26 日《纽约每日投资新闻》(New York Daily Investment News)的报道，江恩离开了纽约，乘坐由女机师依莲娜·史密夫(Elinor Smith)驾驶的 1933 年型号史汀臣·信誉(Stinson Reliant)飞机，展开美国广泛地区的农产品包括棉花、小麦、烟草及商业情况的分析考察，行程超过 750 里。江恩是第一个华尔街分析师利用飞机实地考察市场情况，并第一时间提供信息给客户的人。

1935 年，江恩时年 57 岁，他开始第二次的飞机考察旅程，这次他以南美为目标，考察秘鲁、智利、阿根廷及巴西的棉花种植情况，他共飞行了 18000 里。

1936 年 7 月，江恩时年 58 岁，他斥资购买了一艘特制全金属的飞机，命名为"银星"号，用以做谷物的考察。

1939 年 7 月，江恩时年 61 岁，他又斥资购买另一架飞机以做考察用途。

1936 年 1 月，江恩出版《江恩测试法则》(New Stock Trend Detector - A Review of the 1929～1932 Panic and the 1932～1935 Bull Market with New Rules and Charts for Detecting Trend of Stocks)。

在《江恩测试法则》一书中，江恩指出，市场经过 1929～1932 年大股灾后，市场状况已出现重大改变，而这些改变是来自政府新法例。因此，投资者亦需要做出相应的改变，在罗斯福总统的"新政"(New Deal)下，新证券交易所法例不再容许"清洗交易"(Washed Sales)。所谓清洗交易，是指一些经纪的不良行为，以不断买卖目的赚取佣金，而不是为客户赚钱。

此外，市场专家(庄家)本身户头的交易受到限制，卖空亦被取缔。股票按金交易的比例大幅增加，令市场交投大减。利息税及其他税项增加，令投资者增长持股时间，以减低向政府纳税的机会。

上述措施减低市场流通量，亦令市场急升剧跌的机会增加。

对于转变中的市场情况，江恩坚持一贯的看法，市场知识可以祛除希望与恐惧，让投资者增加入市的胆量。但最重要的是，止损盘可以保障投资者免遭遇大量的损失。此外，投资者独立思考，并按清晰的买卖计划或规则买卖，是成功的重要因素。

江恩举出成功的 5 项条件，包括：

(1)知识，是最重要的一项；

(2)耐性，让你等待最佳时机入市，并到达转势时平仓获利；

(3)勇气，投资者需要做出入市或撤退的决定；

(4)健康，一个成功的投资者必须拥有健康及体力以应对耐性与勇气的要求；

(5)资金，让投资者入市，并接受止损的损失。

在5项成功条件之上，江恩强调，当你发现趋势后，必须跟随趋势而行，永不逆势而为，无论你的想法、希望及恐惧如何，都不应改变，这就是成功的第一步。

在掌握到成功的5项条件后，江恩第一件要讨论的事就是历史，而且历史会重复发生。在这里，江恩差不多已说出了"江恩理论"的核心，就是将来股市的波动是可以从研究过往历史及波动而预测得到的。

他指出，知道牛市及熊市在从前发生的时间，以及观察趋势大变与小变的时段，你便可以预测将来。

此外，战争对于股价及商品价格都有极大的影响。战争的开始通常引起市场恐慌，但其后有升市跟随；战争的结束同样先引发跌市，但其后跟随着的会是更大的升市。

他认为，研究市场高低点之间的时间，及牛市和熊市运行最长的时间，有助对未来做出预测。美国道琼斯工业平均指数于1897年开始计算，在此之前，江恩使用12只工业股的平均指数，以反映1875～1896年的走势。在此之前，市场未有股市指数，江恩便自制"江恩平均指数"，以反映1856～1874年的走势，这反映江恩研究股市历史的认真程度。

不过，尽管江恩花了大量时间研究股市指数，但他认为做出个别股票的投资决定时，仍然需要以分析个别股票的走势为主。即使在同一工业组别之中，不同股票的走势亦可以截然不同。因此，要挑选最佳股票的话，仍需要看个别走势。他甚至认为，若某股展开趋势，投资者不用理会其他同类股票的方向。

道氏理论过时论

江恩在1936年做出了一个大胆的宣告，就是流行一时的"道氏理论"已死。江恩指出，要达到成功，投资者必须掌握最新信息，旧理论和旧概念若已过时，便应该丢弃。江恩所持的理由如下：

(1)市场已有大量股票，由二三十只股票组成的指数根本不能反映股市的趋势。

(2)指数在当时不能买卖，要赚钱就只可以跟随个别股票的趋势。

(3)历史证明，若买卖工业股要等候道琼斯工业平均指数与道琼斯铁路平均指数双双创新高并互相确认升势时，投资者已错失大量机会。

(4)在不少例子中，工业指数与铁路指数背道而驰，并不能作为确认牛熊之用。

判断趋势的新法

首先，江恩的经验是，判断趋势的方法是依靠研究图表。一如以前的著作，江恩强调月线图的重要性，其次是周线图及日线图。他判断趋势的方法是，一顶高于一顶，及一底高于一底为上升趋势；相反，一顶低于一顶，及一底低于一底为下跌趋势。在升市中，当市价跌破对上一个升浪的起步点，则表示趋势结束。

选股方面，江恩指出，要选择活跃而跟随规则、并有既定趋势的股票。其他不跟规则，或在窄幅横行的股票则应避开。

在入市买卖方面，江恩强调要按图表形态：单底、双底或三底买入，并应用 3 点规则放置止损盘。所谓 3 点规则，是指股价单位的意思。例如 28.5 元是从前高点，当股价升破此高点后，可待回吐 1～3 元后买入，而止损盘放于 25.5 元。

至于卖空方面，方法也一样。江恩指出，要看一顶、双顶及三顶形成后，当股价下破从前低位而卖空股票；而止损位，亦以 3 点规则将止损盘设于从前低位之上。

对于中期走势，江恩看 2～3 个星期守于支持或阻力位之上或下，用以判断底部或顶部的形态。在活跃的市场，则 2～3 天已可以是一个短期的底部或顶部。

入市后，如何判断是做对或做错呢？江恩的方法十分简单：若入市后第一天已见损失，投资者已是违反趋势，若连续 3 天持仓见损失，十有八九已是做错，应立即止损平仓。相反，若入市后第一天已见获利，则持仓跟随趋势的机会较大，若连续 3 天获利，则做对的机会极大，可继续持仓。

江恩一再强调，股价永不会太高去买，也不会太低去卖，只要有止损盘保障转势风险即可。

对股票投资，江恩有他一套看法。一般人认为真金白银买入股票，不用信贷按金，是安全的股票投资；然而很多人却忽略了股票持续下跌一样会带来账面上的损失。因此，正确的做法是若见所持股票下跌，应趁早止损，才是有保障的做法。

对于判断市场的支持及阻力位，江恩指出，从前的市价底部是判断未来支撑的水平；若下破这些底部，应到更早期的底部去寻找支撑。若市价在从前的底部附近能够守稳数星期或数月，则这将是可以考虑买入的水平，但入市时不忘放下止损盘。

相反地，从前的市场高点是未来的阻力，若上破这些高点，可到更早期的高点寻找阻力位，突破从前高点之上的 3 点（或 3 美元），是可以考虑入市，但亦不忘放下止损盘。

如何判断熊市的领先股？江恩认为，方法很简单，当某些股票早于其他股票见顶，这些就是熊市的领先股。所谓见顶，是指这些股票跌破过往一年的低位或数月的低位。对于这些领先股，一般而言，在牛市的头一两年上升，之后 2 年未见新高，都表示弱势已成，若有下跌之势，可考虑卖空。

如何判断牛市的领先股？江恩的方法一样，当股票回升，而其他股票仍在跌势，即表示这些是领先股。所谓回升的意思，是指领先股的股价升破上一年的高点或多月来的高点。

如何判断强势股？江恩的方法是，若股价能守在从前低位水平之上，可说是强势，买入时以 3 点（3 美元）之下止损。

如何判断强势结束？江恩的方法是，当股票跌破新低，但其后出现超过 3 点（3 美元）以上的反弹，就可说是弱势结束，后市有机会回升。

江恩提醒投资者，判断股票的升跌应以其本身的趋势为基础，股市指数或其他股票下跌并不表示所有股票下跌。即使 1929 年 9 月美股见顶，不少股票仍然继续创新高，投资者过早卖空，其实错失了机会。

如何判断牛市中的弱势股？若某些股票在牛市中反弹 2～3 个月，之后未能再升破这些反弹的高点，这些股票见到的大多是空仓回补的反弹，是牛市中的弱势股。

由于在市场中不少股票有各自升跌趋势，江恩认为，股票间的差价买卖是有利可图的。

对于牛市中的股票趋势，江恩认为，可以时间作为一个买卖的规则：若牛市中股票调整，时间不应超出 2～3 个月，否则这些股票可能会进一步下滑。

按市场趋势买卖股票，已发行股数的大小有影响吗？江恩认为，趋势就是趋势，已发行股数的多少区别不大。

如何在股价底部买入？江恩一再强调，股票见底是需要长时间的收集，比如多个星期或多个月后股票仍能守在底部水平之上，才可买入，但仍然要谨记止损盘设于底部之下，以防万一。尝试捞底，多数是徒劳无功的。

江恩十分注重成交量的分析，他认为成交量才是市场的推动力，反映供求的真正关系。研究成交量有助清楚决定市场的趋势。对于成交量的分析，江恩有 4 大规则：

成交量规则 1： 在牛市的尾声，成交量多数会大增，反映股价已见顶部。之后，股票急跌，而成交量亦会颇大。急跌后反弹，成交量会收缩，这反映升势已尽，后市要进一步下滑。

成交量规则 2： 若股价在完成第二个顶部后窄幅上落一段时间，成交收窄，其后向下突破，成交量上升，这将表示股价会进一步下跌。

成交量规则 3： 经过持续的下跌，如多星期或多月甚至多年，股价波幅收窄，成交量收缩，这将表示股票的派发已近尾声，股价将会见底回升。

成交量规则 4： 股价首次急速反弹，然后进入整固，成交量在整固时收缩；调整后股价再升，而成交量增加，即表示股价已扭转跌势。

成交量的分析哲学反映了市场智慧："牛市在悲观中诞生，而在欢乐中结束。"

实际上，股票的买卖方法应该如何，江恩提出 7 大规则应用在周线图之上。若为活跃交易市场，亦可应用在日线图上：

规则 1：资本要求

对于成功的投资，首要的条件是投资者必须知道要开始买卖或持续买卖的资金要求。例如买卖 100 股股票所需资金约为 3000 元，永远将每次买卖的风险控制在资金的 10%。若有 2～3 次的损失，投资者应减低买卖单位，每次买卖的风险应为余下资金的 10%，这样才不致损失全部资金。若有盈利，投资者则可将部分盈利储存起来，余下的增加每次买卖的单位。

规则 2：永远应用止损盘

江恩建议用 3 点(或 3%)做止损盘，止损应限制在 5 点(或 5%)之内。

若市场上升方向有利，止损盘应根据市势，在每星期的低位之下的 1 点、2 点、3 点或 5 点。

若市场下跌方向有利，止损盘则应设于每星期的高点的 1 点、2 点、3 点或 5 点之上。

规则 3：如何侦测买入点

在双底、三底买入，并设止损盘于其下。若股价在同样低点维持 1 周、2 周、3 周或更多周，可买入，并设止损盘于最低一周的底部之下。若股价突破之前高点 3 点或以上，可待回吐至稍低于之前高点的水平时买入，止损盘设于该之前高点的 3 点之下。若创新高或上破前一年高点，待回吐至该水平后买入亦是安全的切入点。在牛市中，市势通常只会调整 2～3 周，若调整后市况在底部整固 2～3 天，是一个买入机会。

规则 4：如何侦测卖出点

与规则 3 相反，是在双顶、三顶时卖出，并在高点之上 1～3

点设止损盘。若股价下破之前低点，可卖空该股，并在其之上不多于 3 点设止损盘。

若创新低，可卖空该股，并设止损盘在之前一周的高点之上 1 点。同样，若在熊市，一般反弹只有 2～3 周，在反弹尾声时可卖空，而止损盘设于之前 1 周的高点之上 3 点。若股价下破多年低位，江恩认为是安全的卖出点，并可待反弹至该底部或稍高于该底部时卖空。

规则 5：如何以金字塔式交易

金字塔式交易的意思是，当股价在低水平时，每上升一个幅度买入某个单位的股票。当升至一定的水平后，买入的单位减少，但仍按每上升一个幅度买入。在大牛市中，金字塔式交易有助捕捉获利机会。不过，江恩提醒，第二或第三次买入时，第一次买入的股票必须已有盈利，以免泥足深陷。切忌平均买入法，尝试以平均方法拉低已招损失的持仓的平均入市价，是投资者的最大错误。

规则 6：何时反仓

若已持仓的股价上升至从前高点，并反复 1～2 周，江恩认为，可卖出转仓，反向卖空，并设止损盘于该从前高点的 3 点之上。若市况不利，突破上述止损盘，江恩则认为应再反仓买入，跟随趋势买卖最为重要。上述方法可反转过来用于下跌的趋势。

规则 7：成交量

在急速上升股，成交量常伴随上升，转势时一次急挫后反弹，成交量多低于较早前升势的成交量，这反映转势已成。相反，在熊市中，成交量会渐跌，直至转势回升为止。在大跌市中，见底时多见成交急增，而反弹亦有相对较大的成交，至第二次回吐时，成交量将下跌，反映市况已经见底。

江恩认为，跟随规则买卖是制胜之道，市场不会打败投资者，人性因素则击倒大部分炒家。

1937 年，江恩时年 59 岁，他出版了《如何利用卖空及认购期权获利》(How to Make Profits Trading in Puts and Calls)，已由林拔—江恩公司出版。

这是一本只有 18 页的小书，内容主要介绍股票认购期权
(Calls)及卖空期权(Puts)的买卖方法。在 1937 年时，现代期权定
价理论还未出现，但纽约已有经纪行发行认购期权及卖空期权予投
资者买卖，而这些期权亦为纽约证券交易所的会员所确认。

对于不认识期权的读者，可以视期权为一种保险，以有限资金
及有限风险去买卖股票。认购期权合约是卖家承诺买家在指定的价
位及指定的时间内交收股票。而卖空期权合约是买家承诺卖家在指
定的价及指定的时间内交收股票。

在书中，江恩介绍卖空及认购期权的概念，以及该市场的运作
及优点。这些优点主要是减少买卖成本、代替止损盘及组合式买卖
等。

对于什么时候应该买入认购或卖空期权，江恩列出 7 大规则：

规则 1： 在双底或三底时买入认购期权，在跌破旧有底部时买
入卖空期权。相反，在双顶或三顶时买入卖空期权，在升破旧有顶
部时买入认购期权。

规则 2： 在突破阻力水平买入认购期权，在跌破支撑水平买入
卖空期权。

规则 3： 股票见顶后，数月甚至数年未能升破顶部，之后回落
后反弹见较低的顶，可卖空股票并买入认购期权以做保护，另外亦
可买入卖空期权。相反，股票见底后，未有再跌破底部，市场反弹
后回落，造出较高的底，可买入股票并买入卖空期权以做保护，另
外亦可买入认购期权。

规则 4： 股票数个月守在支撑水平上，当市场开始有活动，可
买入股票并买入卖空期权做保护。当市场往上运动时，可买入认购
期权。同样原理应用在阻力水平下。

规则 5： 当股票升越数个月的顶部，市价回调至此顶部时，买
入股票并买入卖空期权做保护。另外亦可单买入认购期权。同样原
理应用在股票跌破数个月的底部时。

规则 6： 当市势向上，然后出现 5 点、10 点或 12 点的回调时，
可买入认购期权，或买入股票并买入卖空期权做保护。同样原理应

用在市势向下的情况。

规则 7：当股票回调之前升幅的 40%～50%后，买入认购期权，或买入股票并买入卖空期权做保护。同样原理应用在反弹之前跌幅的 40%～50%时。

在私人生活方面，江恩在 1937 年遇上重大的改变。在这一年，江恩与第二任太太莎迪离婚。

1937 年，《密尔沃基期刊》(Milwaukee Journal)引述了江恩在 1936 年 11 月 18 日发表的 1937 年股市预测，准确度同样令人赞叹。

江恩预测上半年及下半年分别有 2 次恐慌性抛售，而政府干预、国会修改法例亦对商业情况及股价造成严重打击。

江恩预测 1937 年 3 月 6～8 日是全年高点，并跌至 6 月 23～25 日，之后，下半年的反弹至 8 月 25～27 日结束，其后会是另一次恐慌性抛售，主要低点在 10 月 14～15 日。反弹至 10 月 30 日及 11 月 15 日后，股市会再跌至 11 月 26～27 日，最后才在 12 月出现反弹。

回顾 1937 年的股市情况，江恩差不多全部测对。道指全年高点在 3 月 10 日的 194.40 点，之后一直下跌至 6 月 14 日的 165.51 点低位。下半年道指反弹至 8 月 14 日高点 190.02 点，其后出现恐慌性抛售，最低跌至 11 月 24 日的 113.64 点，3 个月的跌幅达 40.2%，之后在 12 月才见反弹。

最重要的一点是，在 1937 年的预测中，江恩预测全年工业平均指数的幅度不会少于 50～60 点，而有可能达到 80 点。实际上以 3 月 10 日高点 194.40 点至 11 月 24 日低点 113.64 点计，高低点差幅达到 80.76 点，与江恩预测的最大幅度相同。

该期刊询问了江恩如何能够做出如此准确的一年前预测，江恩的答案是，他根据数学上的"主要时间因素"(Master Time Factor)及周期理论计算，使他知道某些周期何时会来，何时市场会见恐慌或旺盛。他指出，预测市场升跌幅度是根据平均法则(Law of Averages)的理论而求得，在某些情况下，股票升跌会出现相同的点数。

1938 年，江恩的股市预测认为，牛市会在 4 月初诞生。江恩强烈建议买入航空股。事实再次证明江恩预测的正确。1938 年的全年低点在 3 月 31 日的 98.95，之后，道指大幅回升，至 11 月 12 日高见 158.41 点，升幅达 60.1%。至于航空股，不少更上升达 2～3 倍。

1940 年，江恩出版《美国面对现实——1950 年展望》(Face Facts America —— Looking Ahead to 1950)。这本小书只有 40 多页，内容是于二次大战前发表的政论，并对战争的周期做出预测。

在此书中，江恩反对美国介入第二次世界大战，并预言德国将会落败。江恩亦反对美国政府的"新政"(New Deal)，指出此政策的种种弊端。"新政"是一连串政府政策干预自由市场买卖的措施，江恩认为这些措施将会对金融市场产生深远的打击。

最令人感兴趣的是，江恩成功预测 1945 年第二次世界大战结束，反映他的一套预测方法一样适用于世界大事上。

1941 年，江恩时年 63 岁，他出版了《江恩趋势预测法则》(How to Make Profits Trading in Commodities)，由江恩控股公司(W. D. Gann Holdings, Inc.)出版。值得一提的是，在 1941 年初版中，此书是威廉·江恩与儿子约翰·江恩合著的，但在 1951 年的增订版中，约翰·江恩的名字消失了，反映江恩父子的关系在此 10 年间出现了颇大变化。

在该书中，江恩将研究的焦点由股市移向商品期货市场，但整体来说，分析的方法大致不变。他的分析方法是百分比买卖法，其中尤其强调 50% 的重要性。他认为，根据百分比理论，市场的底部可以预测市场将来的顶部，而市场的顶部亦可应用百分比买卖法预测将来的市场底部。

此外，江恩亦应用市场形态去判断市场见顶或见底的走势，从而制定买卖策略。

在形态之外，江恩强调，投资者要留意的是市场升跌的时间周期，从而判断安全的入市点。尤其要留意商品市场季节性的变化与及周年纪念日。

江恩的机械式买卖主要是基于波动图买卖法(Swing Trading)，适用于大上大下的商品期货走势。波动买卖外，市场的缺口走势分析亦是江恩特别注重的。

江恩并非纯技术分析派，在上述著作中，江恩花了大量篇幅分析商品的生产与供求数据，但他的取向是以长期市场供求发展为基础，并不在短线分析上花费太多精力。对江恩来说，捕捉中长期商品走势才是赚大钱之道。

1941 年 9 月 14 日，江恩预测大豆市场见顶，并卖空大豆。大豆其后大幅下跌至同年 10 月 17 日，在 30 天大幅下跌 48 美分。江恩通过这次交易，在大豆市场赚到了大钱。

1941 年，江恩成为芝加哥期货交易所(Chicago Board of Trade)的会员。当时，芝加哥期货交易所是全美最大的商品交易所。

在私人生活方面，江恩的前任太太莎迪在 1942 年逝世，享年 53 岁。

1944 年，江恩时年 66 岁，却决定再婚。第三任太太露迪(Londi)比江恩年轻 30 岁。据说江恩第三次的婚姻令他与儿子约翰·江恩不和。

1944 年之后，江恩移居美国佛罗里达州，在这段时间，继续他的咨询服务并举办股市及期市课程。

同时，江恩成为迈阿密的地产发展商，投资于房地产。据说，江恩亦涉及不少古巴的房地产业务。

事实上，江恩在晚年仍未停止买卖。1946 年，他成功预测股票及棉花大升，并在其后大跌。他准确预测 1946 年 10 月 15 日棉花开始急跌，在 3 周内，棉花下跌 16 美分，江恩的卖空再度获利。

1946 年 10 月 1 日至 12 月 30 日，江恩管理的一个户头由 4500 美元增加至 18981.30 美元，损失则只有 1165 美元，净盈利 17816.30 美元，资本回报达 400%。在另一个买卖户头，开户资金

6000 美元，总盈利 19972.75 美元，总损失只有 634.75 美元，净盈利 19338 美元，资本回报达 320%。

1947 年，由于年事已高，江恩将"江恩研究公司"出售予 C. C. 路斯理(C.C.Loosli)，该公司其后再把公司转售予 J.L. 李德拉(J. L. Lederer)，主要从事投资顾问业务。

1949 年 7 月，江恩时年 72 岁，他出版了《华尔街 45 年》(45 Years in Wall Street)。由于该书质素优良，国际马克吐温学会(International Mark Twain Society)授予江恩荣誉会员资格。

《华尔街 45 年》是江恩晚年的主要著作，内容是回顾 1937 年及 1942 年的股市恐慌以及 1946 年的牛市。此外，在该书中，江恩介绍了新的时间规则及图表上的百分比规则以判断股票的趋势。

值得留意的是，在该书的前页，江恩向在 1942 年逝世的前妻莎迪致意。尽管江恩已于 1937 年与莎迪离婚，并于 1944 年另娶露迪，但似乎江恩对这位前妻仍然有所怀念。

在《华尔街 45 年》一书中，江恩总结由 1902 年开始至 1949 年共 47 年的投资经验。江恩在书名中用"45 年"大概代表江恩的投资周期——1/8 个 360 年的完整时间周期。

在该书中，江恩将投资经验总结为著名的炒股 12 条规则及 24 条买卖守则。12 条规则主要是江恩判断市势及周期的方法。24 条买卖守则是属于投资买卖的必守戒律，可避免招致大量损失。

在选股方法方面，江恩介绍了两种买卖方法。对于一些与平均指数独立运动的股票，江恩认为最重要的是观察数年图表的走势，一旦这些股票往上突破数年高点，将带动新的上升趋势，即使损失亦会有限。另外，江恩亦介绍股票的差价买卖法，亦即是买一只走势强的股票，并卖空一只走势弱的股票，从中获取差价的利润。

在判断市场的支撑及阻力位方面，江恩指出百分比买卖的重要性。这些百分比是按照江恩的分割比率，包括 8 的分数：

12.5%、25%、37.5%、50%、62.5%、75%、87.5%、100% 和 3 的分数：33.3%、66.6%，以及上述比率的倍数。

上述百分比是应用在市场的主要高点、低点及高低幅度之上。

除了百分比买卖外，江恩亦讨论了一种市场现象，就是短时间的急挫调整市场的技术状况，并使市场由弱转强。

在市场的时间方面，江恩认为是十分重要的，他研究 1912～1949 年每年市场升跌波动所运行的时间，亦介绍了他的 3 天图及 9 点图分析方法。在时间周期方面，他指出"周年纪念日"十分重要，他指出市场往往在过往重要高低点日期左右转势，历史会重复发生。他举出 1881～1949 年每年的高低点日期，以印证市场高低点在不同月份发生的密度。在"周年纪念日"之外，他指出过往重大事件的市价高点或低点，都是十分重要的市场支撑及阻力位，而这些支撑及阻力位亦往往与市场的过往重要高低点存在百分比关系。

此外，江恩亦强调市场成交量及公用股指数分析的重要性。江恩事实上并非纯技术分析主义者，他在书中特别留意科技的发展对于股市的影响。此外，他十分关注美国庞大财政赤字对于经济及股市的影响。

1950 年，江恩时年 73 岁，他出版了一本非财经书籍，名为《神奇的字句》(The Magic Word)，是一本宗教作品。

在这本小书中，江恩所讨论的"神奇的字句"是基督教上帝的名字"耶和华"(Jehovah)。江恩认为，解决人生问题的方法是顺从"神圣的法则"，而透过歌颂上帝的名字，可以满足人生的需要。

同年，江恩与一位迈阿密高速公路设计师 Ed. 林拔 (Ed. Lambert) 合伙成立"林拔—江恩出版公司"(Lambert-Gann Publishing Co.)，主要出版江恩的书籍及举办课程。

该公司业务在江恩逝世后趋向沉静，直至 1976 年由华盛顿的比利及李琪·琼斯(Billy and Nikki Jones)购入，才令江恩的所有资料得以保存。

在 20 世纪 50 年代，江恩每天的咨询服务收费仍然高达 500 美元，而江恩的课程学费高达 5000 美元。

因应不同投资者的需要，江恩发展不同的股市及商品期市课程。

股市方面有两个课程：

(1)投机：一种利润可观的专业(200 美元)——此课程包括市场教育及成功的股票买卖规则及图表，属于初级课程。

(2)主要股票预测课程(2500 美元)——是股市的全套课程及图表。

江恩在商品期货方面的课程包括：

(1)投机：一种利润可观的专业(200 美元)—— 此课程包括江恩的商品期市教育，包括大豆、玉米、裸麦及小麦。此课程也介绍商品的买卖规则，属于初级课程。

(2)新时间趋势指针(800 美元)——包括更多资料的课程。其他可附加的资料包括棉花、咖啡、可可及其他商品。

(3)主要谷物、棉花、咖啡、猪油及鸡蛋的预测课程(2000 美元)—— 全套商品期市预测课程，包括两份主要计算器(Master Calculators)、主要图表(Master Charts)及其他时间推算工具及月线、周线图表。

(4)大型主要课程(Great Master Course)(5000 美元)——包括所有资料，如主要时间因素、大时间周期及主要图表等。

在主要课程中，江恩教授主要数学价位、时间及趋势计算器(The Master Mathematical Price, Time and Trend Calculator)，这是江恩晚年的研究。该主要计算器以塑料制造，可放在图表上，让用户清楚看到以下因素：

①主要及次要时间周期；

②找出真正及相对真正的趋势线；

③主要趋势及次要时间周期的比例；

④价位阻力水平及时间、价位平衡；

⑤时间及价位的分割比率；

⑥主要时间周期及其与价位水平的关系，并反映时间周期何时完结及何时开始；

⑦计算器提供 3、7、9 及 12 的周期计算，包括价位、时间及空间；

⑧计算时间及价位趋势的"房角基石""主要基石"及"次要基石"，证明主要数字(Master Number)及主要时间周期(Master Time Cycle)为何及如何影响市价；

⑨证明时间分割为9或时间因素，并指出股票或商品在强或弱的位置。

江恩在晚年仍然孜孜不倦地研究市场的走势。江恩的研究主要以数学及几何学分析市场走势，而据说他亦曾聘请两位星象师分析星象对市场的影响。

不过，虽然江恩广泛应用天文星象知识于市场分析中，但在他公开的书籍中，他对天文星象论差不多绝口不提。唯一见到江恩所写有关天文星象的内容，就只有在《空间隧道》一书之中的故事。

事实上，江恩对于天文星象的理论并没有随着他的辞世而湮没，江恩曾透过个人教授而将他的天文星象分析法传授予他的客户，其中流传中的有两封1954年所写的信，讲述利用天文星象分析咖啡及大豆市场，所用的方法可说是匪夷所思。

除此之外，江恩亦替客户做个人周期的预测，建议个人最佳的买卖时间。

在江恩不同的课程之中，股市课程及综合期货市场课程最为重要。

在江恩股票市场课程方面，江恩详细讲授在著作中未曾提及的分析方法，这些方法包括江恩角度线、时间周期预测法、成交量分析、市场支撑及阻力分析法以及主要数字表的应用，包括江恩九之四方形、江恩轮及江恩六角形。

在江恩主要商品市场课程中，江恩按不同的商品市场介绍了不同的分析方法，包括：

①谷物课程——包括机械性趋势买卖法、谷物市场的江恩角度线分析法、谷物市场的时间价位四方形方法及时间周期预测。

②棉花课程——包括应用于棉花的机械性趋势买卖法、棉花走势预测法。江恩亦首次介绍四之四方形分析法。

③鸡蛋课程——江恩分别应用四之四方形、十二之四方形及

360°主要拼图(即江恩轮)分析鸡蛋期市的走势。

④大豆课程——江恩大量应用数字表分析法于大豆期货的走势上。

⑤咖啡课程——江恩介绍他的星象分析法,以及三角形数字表分析法。

除研究外,江恩在晚年仍然持续交易。

1953年9月30日至10月26日,江恩在谷物进行了26次买卖,当中25次胜利、1次损失。另外,他在鸡蛋买卖中进行了6次买卖,当中1次损失。

1954年4月27日至5月7日,江恩在咖啡、大豆、猪油及鸡蛋等商品进行了17次买卖,其中16次胜利、1次在鸡蛋交易中损失。

从上面的纪录可见,江恩的规则数十年来仍然有效。

1954年,江恩经过一连串咖啡及大豆的成功买卖后,购置了一艘快速游艇,命名为"咖啡豆"号(The Coffee Bean),以奖励自己。

江恩在晚年经常旅居于南美,他热衷古巴彩票,常利用数字及字母预测彩票号码。此外,他亦是古巴的马场常客。据说,江恩有一次因为测中古巴彩票号码而几乎心脏病发。

而江恩在晚年的确是心脏病发,不久后并发现患上胃癌,身体状况急转直下。1955年,江恩的儿子约翰·江恩将江恩由佛罗里达州送回纽约,入住布鲁克林的循道医院。

江恩最后在1955年6月18日辞世,享年77岁。

江恩与第二任太太莎迪同葬于布鲁克林的绿林坟场(Greenwood Cemetery),在一个小山丘上遥望着纽约曼哈顿华尔街。

江恩与莎迪有一个儿子及三个女儿,唯一的儿子约翰·江恩于1915年出生,在20世纪30~40年代与江恩共事,并合伙组成江恩与儿子公司(W. D. Gann & Son, Inc.)。在二次大战期间,约翰·江恩参战,是一位空军机师。战后约翰·江恩只与江恩共事了一段短时间,之后便分开。据说有几个主要原因:一是说江恩为人十分认真严苛，引致约翰不满；其二是江恩在 1944 年第三次结婚，引致父子不和；其三是约翰对江恩的天文星象方法极有保留，令他们无法合作下去。

约翰与江恩分开后，长期在纽约经纪公司塞巴刻干达公司 (Sulzbacher Granger & Co.) 从事经纪工作。

1955 年江恩心脏病发，约翰亲自将江恩由迈阿密送到纽约治疗，直至江恩辞世。而约翰•江恩则在 1984 年去世，享年 69 岁。